I0893959

Opus 60

Steidle + Partner
Alfred-Wegener-Institut
Bremerhaven

Text
Gert Kähler

Photographien / Photographs
Christian Richters

Edition Axel Menges

Herausgeber / Editor: Axel Menges

© 2006 Edition Axel Menges, Stuttgart / London
ISBN 3-932565-60-6

Alle Rechte vorbehalten, besonders die der Übersetzung in andere Sprachen.
All rights reserved, especially those of translation into other languages.

Druck- und Bindearbeiten / Printing and binding: Everbest Printing Company, Ltd., China

Übersetzung ins Englische / Translation into English: Michael Robinson
Design: Axel Menges

Inhalt

Contents

Gert Kähler

Das Alfred-Wegener-Institut in Bremerhaven: Keine Angst vor Rot, Gelb und Blau. Auch nicht vor Schwarz und Weiß

»Wenn es Karl Valentin gelungen ist, Äpfel von Birken zu ernten, dann sollte es uns gelingen, die ›Angst vor rot, gelb und blau zu überwinden‹.« (Erich Wiesner)

Es gibt ein Photo aus der Arbeit des Alfred-Wegener-Instituts für Polar- und Meeresforschung, bei dessen Betrachtung man zu frösteln beginnt: das Forschungsschiff *Polarstern* in der Antarktis, im Eis festliegend, im Vordergrund einige Königspinguine, die sich auf dem Eis tummeln. Die Pinguine sind in ihren bekannten Frack mit weißer Brust gekleidet, die *Polarstern* hat einen schwarzem Rumpf und weiße Aufbauten.

Irgendwie sehen sich beide ähnlich.

Um es vorwegzunehmen: Nein, das neue Laborgebäude des Alfred-Wegener-Instituts in Bremerhaven sieht nicht wie ein Pinguin aus. Dennoch hat es etwas mit ihm zu tun – wir kommen darauf zurück.

An der Spitze einer Landzunge zu bauen, mit Blick auf Flußmündung und Meer, mit einer Hintergrundmischung aus Strand und Hafenindustrie – das zählt zu den Glücksfällen für Architekten. Die Assoziationen purzeln nur so, vom Dampfer bis hin zu *La Paloma* und dem blonden Hans Albers. Aus dem gleichen Grunde zählen Orte wie diese aber auch zu den schwersten für Architekten – die Assoziationen sind viel zu naheliegend, zu verführerisch, zu verbraucht: Kann man am Meer wirklich noch einen Dampfer bauen, wenn das Motiv doch schon in den 1920er Jahren zum Sinnbild des Untergangs, des Scheiterns geworden war? Was bedeutet das Bild, wie es zum Beispiel, wenige hundert Meter vom Ort des Alfred-Wegener-Instituts entfernt, Oswald Mathias Ungers bei seinem, dem ersten Bau für das Forschungsinstitut verwendet hat? Ungers hatte damals ein »großes Schiff aus Stein auf dem Trockenen« gebaut, das ein Kritiker als Arche der Wissenschaftler interpretierte, die auf dem Berg Ararat der Stadt Bremerhaven gestrandet sei.[1]

Ungers' Entwurf war wenige Jahre zuvor als Wettbewerbsbeitrag für die Carlsburg-Hochschule Bremerhaven an einem anderen Standort, in der Nähe des heutigen, entwickelt worden. Damals schrieb der Architekt selbst dazu: »In dem Entwurf für die Fachhochschule ist das Bild eines Schiffes thematisiert. Dies hat sich nicht zufällig im Laufe des Entwurfsprozesses ergeben, sondern die Vorstellung war für das Entwurfskonzept bestimmend. Das Bild vom Schiff war ein naheliegender Gedanke, der sich sowohl aus dem Programm als auch aus der besonderen Lage ergab – aus dem Programm, da es sich um eine Hochschule für nautische Wissenschaften handelt, und aus der Situation, da das Grundstück an der Mündung der Weser ins Meer liegt.«[2]

Man fragt sich, ob der »Dampfer an Land« als Imago von Architektur wirklich so schlüssig ist – »wenn Wasser, dann Dampfer« scheint eher ein Pawlowscher Reflex. Aus Funktion und Lage auf ein Bild, ein Thema der Architektur zu schließen – ist das wirklich richtig, gibt es nicht ganz andere Parameter des Entwerfens?

Die lange Vorrede hat mit der Angst des Architekturkritikers (und Dampferexperten) zu tun, wenn er nach Bremerhaven, zum neuen, zweiten Bau des Alfred-Wegener-Instituts für Polar- und Meeresforschung fahre, dann werde er ein weiteres Exemplar dieser architektonischen Spezies erleben; prompt liest er in der vom Institut selbst herausgegebenen Broschüre von einem »geschlossenen schiffsartigen Baukörper«, der ihn erwarte.[3]

Am Ort des Gebäudes, mit Wind und Möwen, mit Hafenindustrie und Salzwassergeruch, erfolgt die angenehme Überraschung: kein Dampfer (nicht einmal ein Pinguin), allenfalls ein Hauch von Reling und Gangway in den außenliegenden Fluchttreppen, die wie ein kleiner, ironischer Hinweis der Architekten gelesen werden können, was man alles dort hätte bauen können, wenn man den naheliegenden Assoziationen gefolgt wäre. Der Kritiker ist erleichtert und genießt den Ort, an dem ein Gebäude steht, das wider den Ort löckt: ein Büro- und Laborgebäude, das nicht in eine bessere Welt fahren will, das nicht »reisefertig« (Ernst Bloch) aussieht. Und eines, das dem Betrachter so viel Widerstand entgegensetzt, daß es spannend wird.

Sehen wir uns den Bau an: Der Besucher fährt, aus der Innenstadt kommend, in Richtung Hafen und Weserfähre am Deich entlang, ein Leuchtfeuer dient als Landmarke, und hinter dem Deich liegt das gar nicht besonders große Gebäude, lang gelagert, der Baukörper in seiner Geometrie nicht auf Anhieb zu erkennen. Einen repräsentativen Eingang sucht man vergebens; eine fast provisorisch wirkende Brücke führt zwar in die obere Ebene – aber ist das wirklich der Haupteingang?

Was statt dessen stärker auffällt als ein nicht vorhandenes Leitsystem für fremde Besucher, ist die markante Fassade: Aus glasierten Ziegeln in Weiß, Grau, Schwarz wird ein Muster gesetzt, das regelmäßiger erscheint, als es tatsächlich ist. Als Hamburger wird man an das Michaelisquartier derselben Architekten erinnert, das vor einigen Jahren dort für einen gemäßigten, inzwischen längst vergessenen Skandal sorgte. Dort zitierten die Farben des Ziegelmusters die Hamburger Klinkertradition des Ortsheiligen Fritz Schumacher, wie es sich für architektonische Gäste in der Stadt zu gehören schien – aber zitierten sie wirklich? Was taten, was tun diese intrikaten Muster auf den Fassaden der Bauten eines Otto Steidle eigentlich?

Was tun sie in Bremerhaven? Den Vergleich mit einem Tweedmuster, dem durablen britischen Stoff, handgewebt auf den Äußeren Hebriden und von Wind und Wetter durchweht, diesen Vergleich stellen die Architekten selbst an. Er ist gar nicht falsch, wenn auch nicht in erster Linie wegen der Farbwirkung: Möchte man wirklich den Eindruck erwecken, ein Haus an der Weser sei mit Stoff bespannt?

Tatsächlich: So ist es. Denn nicht die bei zusammengekniffenen Augen zu einem melierten Grau verschwimmende Farbe ist das Entscheidende dieser baumschließenden Wände, sondern ihre Wirkung als ein Textil, ein Stück Stoff, das um eine unregelmäßige Form gespannt wurde. Der Baukörper, von dem wir behauptet hatten, seine Geometrie sei nicht auf Anhieb zu entschlüsseln, besitzt gar keine eindeutige Geometrie; er folgt den Vorgaben – Zwängen? – der Lage und des Grundstücks zwischen Hafenkante, Deich und vorhandenen Bauten. Die Architekten haben – bildlich gesprochen – Pfähle an den Eckpunkten des Grundstücks aufgestellt und eine Stoffbahn herumgezogen: *voilà*, ein Baukörper!

Entsprechend behandelten sie die Fassade. Da ist trotz der Ziegel nichts fest gemauert in der Erden oder

1. Das Forschungsschiff *Polarstern* des Alfred-Wegener-Instituts in der Antarktis. (Photo: Sigrid Schiel.)

1. The *Polarstern* research vessel of the Alfred Wegener Institute in the Antarktic. (Photo: Sigrid Schiel.)

Gert Kähler

The Alfred Wegener Institute in Bremerhaven: don't be afraid of red, yellow and blue. Or black and white.

»If Karl Valentin could harvest apples from birch trees, then we should be able ›to get over our fear of red, yellow and blue‹.« (Erich Wiesner)

There is a photograph showing work by the Alfred Wegener Institute for Polar and Marine Research that makes you shiver to look at it: the research vessel *Polarstern* in the Antarctic, apparently stuck in the ice, with a few king penguins romping about on the ice in front of it. The penguins are dressed in their usual evening dress with white waistcoats, the *Polarstern* has a black hull and white superstructure.

There is a certain similarity about them.

To come straight to the point: no, the new Alfred Wegener Institute laboratory building in Bremerhaven does not look like a penguin. But it does have something to do with penguins – we'll come back to that.

Building at the tip of a spit of land, with a view of the estuary and the sea and a mixture of beach and docklands industry in the background – that was one of the happy chances for the architects. The associations come tumbling in – from steamers to *La Paloma* and a blond Hans Albers. But for the same reason places like these are among the most difficult for architects – the associations are far too obvious, too seductive, over-used: can you really still build a liner by the sea when that motif came to symbolize disaster and failure even in the twenties? What does the image mean in the form used a few hundred metres from the Alfred Wegener Institute by Oswald Mathias Ungers for his building, the first for the research institute? At that time Ungers built a »big stone ship on dry land«, which one critic called an ark for scientists, stranded on the Mount Ararat of Bremerhaven.[1]

Ungers's design had been developed a few years previously as a competition entry for the Carlsburg College in Bremerhaven at a different location, near the present one. At the time the architect himself wrote about it: »The design for the college introduces the image of a ship. This did not come about by chance in the course of the design process, the idea was a driving force behind the design process. The ship image suggested itself immediately, arising both from the plan and the particular situation – the programme demanded a college for nautical disciplines, and the situation involved a site on the Weser estuary.«[2]

The question arises of whether the historically overused image of the »liner on land« really makes sense for architecture – »if water, then steamer« seems more like the kind of Pavlovian reflex. Is it really right to derive an architectural idea from function and location – should design not include other parameters?

This long preamble is about the fear experienced by the architecture critic (and steamer expert) that when travelling to Bremerhaven to see the new, second building for the Alfred Wegener Institute for Polar Research he might have to experience another example of this architectural species; right on cue he reads in the brochure published by the institute that a »closed, ship-like building« is waiting for him.[3]

On arriving at the place where the building is, with wind and seagulls, with docklands industry and the smell of salt water, we are in for a pleasant surprise: no steamer (not even a penguin), at most a hint of railing and gangway in the external emergency stairs, which can be read as a small, ironic indication by the architect about all the things he could have built here if he had followed the associations that immediately suggested themselves. The critic is relieved, enjoying a place where finding a building that resists the place: an office and laboratory building that is not trying to set off for a better world, that does not look »ready to depart« (Ernst Bloch). And a building that resists people looking at it with such determination that it starts to be exciting.

Let us have a look at the building: visitors coming from the city centre travel along the dike towards the harbour and the Weser ferry, a beacon provides a landmark and behind the dike is the building. It is not particularly large, but long, with a geometry that is not immediately discernible. One looks in vain for an imposing entrance: a bridge with an almost temporary look about it does lead to the upper floor – but is that really the main entrance?

More striking than the lack of a system to guide visiting strangers is the distinctive façade: a pattern of tiles in white, grey and black that seems more regular than it actually is. As a person from Hamburg I am reminded of the quarter around St. Michaelis by the same architect, which provoked a moderate and now long-forgotten scandal there a few years ago. There the colours quoted the Hamburg brick tradition favoured by the sainted local architect Fritz Schumacher, as seemed only right and proper for architectural guests in the city – but were they really quoting? What were, what are these intricate patterns doing on the façades of buildings by an architect like Otto Steidle?

What are they doing in Bremerhaven? The architects themselves draw a comparison with a tweed pattern, that durable British material, hand-woven in the Outer Hebrides, with wind and weather blowing through it. It is quite accurate, even though not about the effect of the colour in the first place: is it really a good idea to give an impression that a building on the Weser is covered with fabric?

In fact: that is what it is like. It is not the colour, which blurs into a mingled grey if you half-close your eyes, that is the key feature of these walls enclosing the building, but their textile effect, like a piece of fabric stretched around an irregular form. We said that it is not possible to decipher the building's geometry at first, and indeed it has no precise geometry; it follows the requirements – constraints? – of this site between the edge of the docks, the dike and the existing buildings. What the architects have done – speaking figuratively – is to set up posts at the corners of the site and run a strip of fabric round them: and there we have it: a shape for the building!

They treated the façade correspondingly. Despite the bricks there is nothing firmly built into the ground or looking as though it might be: the outermost layer of the wall is textile stretched round the corner posts, and makes no other statement. This is particularly noticeable at the corners where the skin, the textile, is not continued because the wall turns off into the inner courtyard there. Here the wall is treated differently, but the outer skin, the cloth around the body of the building, is uniformly woven with the brick pattern in black, white, grey.

täte so, als ob: Die äußerste Schicht der Wand ist ein um die Eckpfähle gespanntes Textil und sagt nichts anderes aus. Man erkennt das insbesondere an denjenigen Ecken, an denen die Haut, das Textil, nicht herumgeführt wird, weil dort die Wand zum Innenhof abknickt: Dort wird die Wand anders behandelt; die Außenhaut aber, das Textil um den Baukörper, wird einheitlich gewebt mit diesem Ziegelmuster aus Weiß, Schwarz, Grau. Dabei wird niemand auf die Idee kommen, diese Wand sei massiv und tragend, wie wir es von gemauerten Wänden gewohnt sind – eine solche Vermutung verböten schon die nicht verkleideten Stützen, die den Baukörper vom Boden abheben. In den Obergeschossen aber, außen herum, geht die Ziegelfassade einfach weiter.

Natürlich ist der Bezug zu Gottfried Semper zwingend, dessen »Bekleidungstheorie« sogleich eine historische Herleitung ins Grundsätzliche ermöglicht: die Matte oder der Teppich als Wand eines Zeltes (die Pfähle an den Ecken!), die immer noch dieses Bild in sich trägt, wenn sie längst unter energiesparenden Maßnahmen vielfältigster Art betrachtet wird – Technik ist in der Architektur eben nicht alles: »Es bleibt der Teppich, die Wand, die sichtbare Raumbegrenzung«, meint Semper zu Steidle. »Die dahinter befindlichen, oft sehr starken Mauern wurden wegen anderer, das Räumliche nicht betreffender Zwecke nothwendig, als zur Sicherheit zum Tragen, zur größeren Dauer und dergleichen.«

»Überall«, fährt er fort, »wo diese Seitenzwecke nicht in der Absicht waren, blieben die Teppiche die alleinigen ursprünglichen Scheidungen; und selbst wo die Aufführung fester Mauern erforderlich wurde, bildeten sie nur das innere nicht sichtbarer Gerüste, versteckt hinter den wahren und legitimen Repräsentanten der Wand, den buntgewirkten Teppichen.«[4]

Die Wand des Alfred-Wegener-Instituts als »buntgewirkter Teppich« – nicht wirklich bunt, sondern schwarz, grau, weiß –, das wird noch durch ein weiteres architektonisches Element unterstrichen und in seiner Lesart betont, nämlich durch die Fenster. Sie sind alle gleich, quadratisch und etwa eine halbe Türhöhe groß. Für ein normales Bürofenster sind sie also etwa um die Hälfte zu niedrig – statt mindestens 1,50 m nur rund 1 m hoch. Wo man mehr Licht, mehr Aus- oder Einblick für die Büros, Labors oder Foyers wollte, wurden sie addiert – in der Höhe, bei besonders hohen Räumen wie dem Eingangsgeschoß, oder nach unten, anstelle der geschlossenen Brüstung.

Was relativ kompliziert klingt, hat eine bestimmte Wirkung in der Fassade, nämlich die, daß die übliche, ablesbare Geschoßgliederung aus Fenster(-band) und Brüstung verschwimmt. Auf den ersten Blick scheint das Gebäude doppelt so viele Geschosse zu umfassen, wie es tatsächlich der Fall ist – erst auf den zweiten Blick erkennt man, daß je eine Fensterreihe durchläuft, ergänzt durch unregelmäßig gesetzte »Fensterdoppelungen«. Der Eindruck wird noch dadurch verstärkt, daß die Fenster bündig in der Tweed-Fassade liegen – auch das ein Eindruck auf den ersten Blick, denn die Wirkung wird durch eine zweite ergänzt: In der untersten Geschoßebene verzichten viele Fenster auf die bündige zweite Verglasung, so daß sie tief in der Laibung liegen. Gerade bei Sonne ergeben sich durch die Schatten dann räumliche Wirkungen, die das Glatte der Wand aufbrechen und der »textilen Bekleidung« eine traditionelle geschoßweise Gliederung vom Massiven zum Leichteren, von unten nach oben, gegenüberstellen.

Dieser bekleidete Baukörper in seiner nicht-erfahrbaren Geometrie verfügt über drei bis vier Geschosse: Das »Erdgeschoß« ist aufgeständert und wird als Parkfläche sowie für Anlieferung und Technik genutzt. Darüber liegt die Ebene mit dem Haupteingang und einem dahinter sich öffnenden Foyer sowie zahlreichen, höchst komplizierten und technisch anspruchsvollen Labors. (Bauen Sie mal in der heutigen Zeit einen Raum ohne Verwendung von Metallen, wie es hier aus Gründen der spezifischen Versuchsanordnungen erforderlich wurde – weder bei den Fenstern, den Lampen, den Decken; gerade noch die Bewehrungseisen der Wände waren erlaubt!)

2. Steidle + Partner, Alfred-Wegener-Institut, Bremerhaven. Fassadenstudie.
3. Steidle + Partner, Alfred-Wegener-Institut, Bremerhaven. Nordseite. (Photo: Reinhard Görner, Berlin.)
4. Steidle + Partner, Michaelisquartier, Hamburg, 1995 bis 2001. Nordfassade. (Photo: Reinhard Görner, Berlin.)
5. Steidle + Partner, Alfred-Wegener-Institut, Bremerhaven. Skizze der Gebäudestruktur (Johann Spengler).

2. Steidle + Partner, Alfred Wegener Institute, Bremerhaven. Façade study.
3. Steidle + Partner, Alfred Wegener Institute, Bremerhaven. North side. (Photo: Reinhard Görner, Berlin.)
4. Steidle + Partner, Michaelisquartier, Hamburg, 1995 to 2001. North façade. (Photo: Reinhard Görner, Berlin.)
5. Steidle + Partner, Alfred Wegener Institute, Bremerhaven. Sketch of the buidling structure (Johann Spengler).

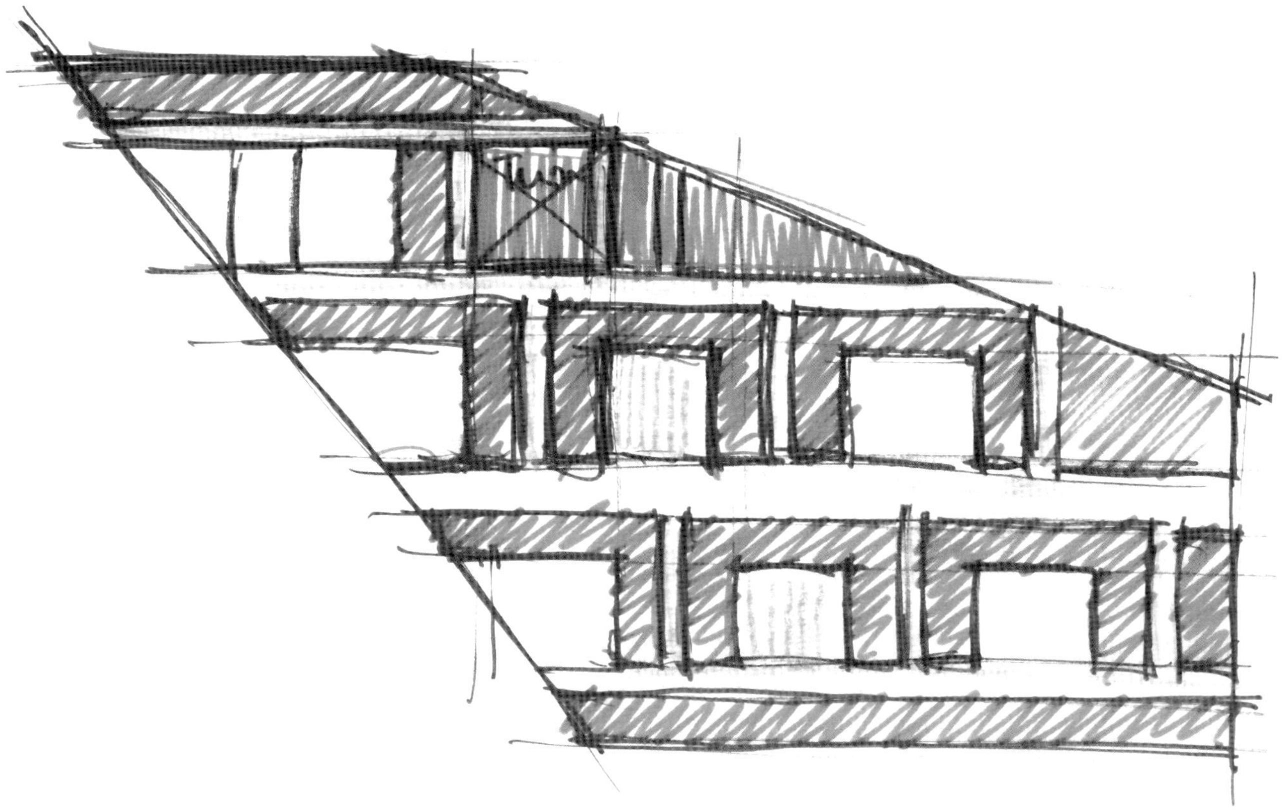

No one will suppose that this wall is solid and load-bearing, in the way we are used to with masonry walls – that kind of assumption is scotched by the unclad supports, which lift the body of the building off the ground. But in the upper storeys, around the outside, the brick façade simply continues.

Of course there is an inevitable link with Gottfried Semper, whose »dressing theory« immediately offers a fundamentally historical derivation: the mat or carpet as the wall of a tent (with the poles at the corners!), which is still always inherent in this image, even though it has for a long time now been seen from the perspective of all kinds of energy-saving measures – technology is not all and not the end in architecture: »What remains is the carpet, the screen, the visible boundary of the space«, says Semper on Steidle. »The walls behind it, often very thick, became necessary for purposes other than spatial ones, like reliability in support, greater durability and matters of this kind.«

»Everywhere«, he continues, »that these peripheral purposes were not intended, the carpets remained the only original divisions; and even where it became necessary to build solid walls, they formed only the interior part of frameworks that were not visible, concealed behind that true and legitimate representatives of the wall, colourfully woven carpets.«[4]

The idea of the wall of the Alfred Wegener Institute as a »colourfully woven carpet« – not really colourful, but black, grey, white – is also supported and emphasized as a reading by another architectural element, and that is the windows. They are all the same, square, and about half the height of a door. So they are about fifty per cent too low for normal office windows – about 1 m high, rather than at least 1.5 m. Where more light was needed, more view into or out of the windows, labs or foyers, more were added – above, in the case of particularly high spaces like the entrance storey, or below, instead of a closed parapet wall.

This sounds complicated, but it makes a clearly defined effect in the façade: it blurs the usual, intelligible storey articulation of windows (continuous) and parapet wall. At a first glance the building seems to have twice as many storeys as is actually the case – it is only at a second glance that it is possible to work out that each storey has a row of windows running through it, complemented by irregularly placed »window doublings«. This impression is further reinforced by the fact that the windows are set flush in the tweed façade – and this too is an impression at a first glance, as the effect is complemented by another one: on the bottom floor many of the windows do not have the flush second glazing, so that they lie deep in the reveal. Particularly in sunshine the shadows then create spatial effects that break up the smoothness of the wall and confront the »textile dressing« with the traditional storey articulation, moving from the solid to something lighter, from bottom to top.

But this dressed building with its impenetrable geometry has three to four storeys: the »ground floor« is elevated and is used for car parking and for deliveries and services. Above this is the level with the main entrance and a foyer opening up behind this and numerous highly complicated, technically demanding laboratories. (Just try building a room today without using metal, as was required here because special experiments have to be conducted – no metal in the windows, the lamps, the ceilings; the iron rods reinforcing the walls were just about allowed!)

There are also labs and offices arranged in close relationships with each other on the other upper floors; canteen, library and other special rooms are accommodated in three towers of different heights rising above the actual dressed main section of the building and enjoying a view of the wide world, provided that they face west or south. As these towers stand out clearly from the flat main section their façades were logically treated differently, with one exception.

The towers' façades tend to continue the colour scheme started off inside them, and so they are identifiable as parts growing out of the interior – two design systems run into each other here as well.

Labors und Büros in enger Zuordnung zueinander liegen auch in den weiteren Obergeschossen; Kantine, Bibliothek und andere Sonderräume sind in drei unterschiedlich hohen, den eigentlichen ummantelten Hauptbaukörper überragenden Türmen untergebracht und genießen den Ausblick in die weite Welt, sofern sie nach Westen und Süden orientiert sind. Da sich diese Türme deutlich von dem flachen Hauptteil abheben, wurden ihre Fassaden mit einer Ausnahme konsequent anders behandelt.

Die Türme setzen vielmehr in der Farbigkeit der Fassade fort, was im Inneren begonnen wurde, sie werden damit als Teile kenntlich gemacht, die aus dem Innenraum herauswachsen – die Durchdringung von zwei gestalterischen Systemen auch hier.

In das Gebäude kommt man tatsächlich über die erwähnte kleine Brücke, ein kleiner, ironischer Übergang von der »wirklichen« Welt zu der des forschenden Geistes. Denn es handelt sich hier ja um ein Gebäude für die Forschung, ein Haus, in dem ausschließlich gearbeitet wird.

Forschung – das ist ein kreativer Prozeß. Das Alfred-Wegener-Institut befaßt sich mit Polar- und Meeresforschung; Klima-, Bio- und Geosysteme sind ihr Gegenstand, interdisziplinäres Arbeiten das Prinzip. Das kann man nicht auf unveränderliche Raumzonen oder Quadratmeter nutzbarer Fläche eines Gebäudes eingrenzen – das muß auch in der architektonischen Antwort auf die Inhalte flexibel sein. Die Antwort der Architekten im Hinblick auf die innere Organisation der Flure und Räume ist das Netz – ein versetztes System von sich orthogonal treffenden (aber nicht kreuzenden) Fluren mit anliegenden Büros und Labors sowie ebenfalls versetzt angeordneten Höfen, die Flure, Labors und Büros belichten.

Der Baukörper – die amorph wirkenden »Eckpfähle mit Stoffummantelung« – wird also scheinbar unabhängig von seiner Kontur im Inneren mit einem rationalen System aus Fluren und Arbeitsräumen erschlossen, das dort buchstäblich an seine Grenzen stößt, wo es die Außenwand erreicht. Äußeres und Inneres folgen unterschiedlichen architektonischen Prinzipien – wie es sich gehört, weil das eine, der Baukörper, von den Bürgern als Teil ihrer Stadt erlebt, das andere von den forschenden Benutzern als Arbeitsbereich erfolgreich verwendet werden soll.

Das neue Gebäude des Alfred-Wegener-Instituts ist also keines, in dem die Institution in erster Linie nach außen repräsentiert und sich selbst darstellt; kein großartiger Eingang mit tatsächlichem oder symbolischen Portal macht auf sich aufmerksam. Es ist ein Arbeitshaus für seine 240 Mitarbeiter, ein »Forschungsgebäude, das auf die Anforderungen wissenschaftlicher Arbeit zugeschnitten ist«.[5]

Ich nehme an, daß eine solche, eher trockene Formulierung genau das ist, was Otto Steidle und seine Partner zur kreativen Höchstleistung bringt – Steidle hatte schon immer ein Faible für die Übersetzung einfacher, aus der Funktion entwickelter Bilder in Architektur. Einen »Ideologen« habe ich ihn deshalb bei Gelegenheit genannt und meinte es positiv – im Falle des Gelingens. Denn dann wird die Idee vom eigentlichen Inhalt des jeweiligen Gebäudes auf den architektonischen Begriff gebracht (und dann kommt kein Dampfer dabei heraus).

Beim zusammen mit Uwe Kiesler realisierten Haus für Gruner + Jahr in Hamburg war es Henri Nannens Bonmot, Journalismus sei »Quatschen auf dem Flur«, das das Innere des Hauses prägte, welches bis heute seine ursprüngliche Kraft bewahrt. Und über die Universität Ulm West, die ich in meinen Kanon von einhundert,

6. Steidle + Partner mit Kiessler + Partner, Verlagsgebäude Gruner + Jahr, Hamburg, 1983–90. (Photo: Verena von Gagern.)
7. Steidle + Partner, Universität Ulm West, Ulm, 1988 bis 1994. (Photo: Michael Wesely.)

6. Steidle + Partner with Kiessler + Partner, Gruner + Jahr publishing house, Hamburg, 1983–90. (Photo: Verena von Gagern.)
7. Steidle + Partner, Universität Ulm West, Ulm, 1988 to 1994. (Photo: Michael Wesely.)

The way into the building really is across the above-mentioned little bridge, a small, ironic transition from the »real« world to that of the researching mind. For here too we are dealing with a building for research, existing only to provide a place in which to work.

Research – that is a creative process. The Alfred Wegener Institute deals with polar and marine research: climatic, biological and geological systems are the subjects, and the principle is interdisciplinary work. This cannot be restricted to inflexible zones or square metres of usable space – there also has to be flexibility in the architectural response to the subject matter. The architects' response to the internal organization of the corridors and rooms is to create a network – a staggered system of corridors meeting (but not crossing) at right angles, and also courtyards, themselves staggered, providing light for the corridors, labs and offices.

The body of the building – the amorphous-looking »corner posts with fabric wrapped round them« – is also accessed, apparently independently of its internal lines, by a rational system of corridors and work-spaces that literally reaches its limits at the outside wall. The exterior and interior follow different architectural principles – which is quite right, as one, the body of the building, is intended to be experienced by citizens as part of their city, and the other as the researchers' working area.

So the new Alfred Wegener Institute building is not one in which the institution is first and foremost introduced to the outside world as an imposing presence. There is no magnificent entrance with an actual or symbolic portal to attract attention. It is a working building for its 240 employees, a »research building tailored to the needs of scientific work«.[5]

I assume that it is precisely this kind of essentially dry formulation that draws the creative best out of Otto Steidle and his partners – Steidle has always had a weakness for translating simple images that develop from function into architecture. I have therefore called him an »ideologue« on occasion, and meant it positively – when it comes off. Because then the idea of the building's actual content becomes the architectural concept (so no steamer is needed).

In the case of the Gruner + Jahr building in Hamburg realized together with Uwe Kiesler, it was Henri Nannen's bon mot that journalism is »gossiping in the corridor« that shaped the interior, which still retains its original power. And I wrote about Ulm West University, which I included in my canon of a hundred buildings typical of the 20th century – I am quoting it in some detail because when one looks more closely the building has a lot in common with Bremerhaven –, here »two ideologies could provide a key: on the one hand the idea that students are loveable but chaotic, preferring to live in furniture made of orange boxes, or (...) university research is a creative process, and here the university building should offer a ›housing for creativity‹. (...) Steidle comes up with a town – with all the incomplete and chaotic elements that go to make a town (...) It seems open, a little incomplete, and that is the intention. It is entirely suitable for a university, where unfinished things are part of the programme – in research and teaching. We may ask ourselves – or ask the ›ideologue‹ Steidle – whether research is really so high on the agenda in today's universities that a design premise can be developed from it. But the reply to that question is actually of no interest: the building has something cheerfully academic about it. You can imagine it would be fun to study there. So what does the ideology behind it matter!«[6]

This last sentence is the crucial one in terms of success for the architecture: the »ideology«, the image in the architects' creative minds, provides the trigger. But the way it is implemented establishes the utility values

für das 20. Jahrhundert typischen Bauten aufgenommen hatte, schrieb ich – und es wird ein wenig ausführlicher zitiert, weil der Bau bei näherem Hinsehen viele Verbindungslinien nach Bremerhaven aufweist –, hier »könnten zwei ›Ideologien‹ Pate gestanden haben: zum einen die Vorstellung, Studenten seien liebenswerte Chaoten, die am liebsten in Möbeln aus Apfelsinenkisten lebten; zum anderen (...), die Forschung an der Universität sei ein kreativer Prozeß, für den das Universitätsgebäude eine ›Behausung für Kreativität‹ bieten solle. (...) Steidle setzt eine Art Stadt dagegen – auch mit all' dem Unfertigen und Chaotischen, das eine Stadt ausmacht (...) Das wirkt offen, ein wenig unfertig, und das ist Absicht. Es paßt zu einer Universität, in der das Unfertige Programm ist – in Forschung und Lehre. Man mag sich fragen – oder den ›Ideologen‹ Steidle –, ob in der heutigen Universität tatsächlich die Forschung einen so hohen Stellenwert besitzt, daß man eine Entwurfsprämisse daraus entwickeln kann. Aber die Antwort auf die Frage ist eigentlich uninteressant: Der Bau hat etwas von fröhlicher Wissenschaft. Man kann sich vorstellen, dort mit Spaß zu studieren. Was interessiert dann die Ideologie dahinter!«[6]

Dieser letzte Satz ist der für das Gelingen von Architektur entscheidende: Die »Ideologie«, das Bild in den kreativen Köpfen der Architekten, gibt den Auslöser. Die Umsetzung hingegen entscheidet über den architektonischen Gebrauchs- wie dessen Mehrwert, der über das Praktische hinausgeht: Das »Bild«, das »Thema«, die »Ideologie« – gleich wie man sie nennt – machen aus der praktischen Hülle ein Stück Architektur – wenn beide zur Deckung kommen.

Hier, beim Neubau des Alfred-Wegener-Institut, ist das der Fall.

Um dies zu belegen, muß man noch einmal auf das dem Bau zugrundeliegende System der Behandlung der Fassade zurückkommen. Wir hatten gesagt, der Baukörper sei scheinbar willkürlich aus den das Grundstück begrenzenden Bedingungen – Wasserkanten, andere Gebäude – abgeleitet, indem man seine, des Grundstücks Ecken einfach mit einer Fassadenwand wie einem Stück Textil umzogen habe. Im Inneren dagegen sei ein in sich orthogonales Netz aus versetzten Straßen und Wegen mit anliegenden Büros und Labors gewählt worden, das dann, scheinbar zufällig, an die Außenkante stoße.

Bei dieser Interpretation wurde ein wichtiges Element jedoch noch nicht berücksichtigt, das zur inneren Organisation gehört, nämlich die (zur Belichtung der Arbeitsräume notwendigen) Innenhöfe, die in das System von Fluren und Räumen eingelagert sind. Die bilden nicht nur eine sehr praktikabel nutzbare, doppelte Ergänzung des Raumangebots – Belichtung der Arbeitsräume und Aufenthaltszone für die Mitarbeiter in Arbeitspausen –, sondern sie bewirken auch eine Verschneidung von Innen- und Außenraum – ein **Innen**hof ist ein Innen, ein Innen**hof** ein Außen. Innen und Außen stoßen hier also aneinander, sind nicht, wie bei einer Fassade, durch die Wand getrennt (und auf diese Weise gegenseitig unsichtbar).

So, wie die Höfe angelegt sind, kann man sich also bei der Behandlung der Fassaden nicht auf das »Textil um die Pfähle« im Tweed-Look beschränken, sondern muß mit den Wänden der Höfe (und denen der Türme) anders umgehen – Flächen, die draußen sind, aber auch, da Ergänzung des Inneren, »irgendwie« innen – Fassadenflächen in jedem Fall, die anders behandelt werden müssen, wenn man dem Konzept des »Textils« treu bleiben will.

Diese Flächen wurden nun ebenfalls mit glasierten Ziegeln versehen, aber nicht nach Art des gewebten Stoffes (Tweed), sondern als Fläche: gelb, grün, weiß und schwarz; sie wirken so glatt, daß sie wie bei einem Putzbau gestrichen sein könnten.

An den Ecken, dort wo »Tweedstoff« und »flächiger Putzbau«, wo Innenhof und Außenwand aufeinanderstoßen, sind die Ziegel konsequent nicht nur nicht um die Baukörperecken herumgeführt, sondern sogar mit großem Aufwand und großer Sorgfalt an den Kanten im Farbton der Flächen gebrannt, um dort, wo diese an der Baukörperbrechung sichtbar würden, den Abschluß zu markieren – zweidimensional anstatt räumliches Darstellen von Raumzusammenhängen.

Zweidimensional wird die Farbe auch im Inneren eingesetzt.

Der Bildhauer Erich Wiesner, mit dem die Architekten seit vielen Jahren zusammenarbeiten, hat den einzelnen Flurbereichen zur Identifikation der Lage im Gebäude, vor allem aber dem Foyer aus wenigen Farben – Blau, Rostrot, Gelb, Weiß, Anthrazit, mal als Farbe auf Putz, mal als Ziegeltapete – eine intensiv räumlich wirkende, aber (fast immer) nur flächig aufgetragene, nicht um die jeweiligen Baukörperecken herumgeführte Farbstruktur gegeben. An der dem Eingang gegenüberliegenden Wand wurde die Farbe zu einem Wandbild mit den Namen von Alfred Wegener und Zeitgenossen verdichtet.

Was ist das, wenn bei einer quadratischen Stütze mit vier Seiten nur eine davon farblich hervorgehoben wird, wenn Farbe deutlich akzentuiert, aber nicht als Raumfarbe behandelt wird wie bei einer bunten Tapete, um das Kinderzimmer freundlicher zu gestalten? Ist dies dann Kunst? Welchen Regeln folgt es?

Wiesner nennt sich einen »Färber«. Das klingt hübsch bescheiden, ist aber eher kokett. Seit vielen Jahren arbeitet er mit verschiedenen Architekten an Farbkonzepten, mit Steidle seit des Internationalen Begegnungszentrums der Wissenschaft in Berlin (1983). Keine Frage: Als Bildhauer verwendet er die Farbe plastisch, als »Färber« in den dreidimensionalen Räumen der Architektur sucht er, »durch Farbenenergie die Gestalt des Hauses zum Leuchten zu bringen, um das Bewußtsein seiner Gäste zu öffnen und dadurch für neue Einflüsse empfänglich zu machen. (...) Das Bauwerk wird so zu einer vieldimensionalen Wirklichkeit im Bewußtsein des Färbers. Lichter, Schatten, Räume. Zonen, Orte, Gänge, Quartiere werden zu Energiequellen für das Handeln.«[7] Zur dritten Dimension tritt eine weitere hinzu.

Die Wirkung der farblichen Ausgestaltung durch Erich Wiesner ist eindeutig: Hier wird nicht ein Raum in eine bestimmte, durch Farbe definierte Stimmung versetzt – »für's Kinderzimmer nehmen wir sonnenblumengelb« –, sondern räumliches Gefüge akzentuiert, dynamisiert, so daß man als Besucher eine neue Erfahrung – besser: Begehung – macht. Konsequenterweise wird die Farbe auf die Zonen beschränkt, die nicht der Arbeit in den Labors und Büros dienen.

»Jede offene Palette braucht ein ausgeglichenes Verhältnis zu rot, gelb und blau. Jede dieser Farben drückt durch sich selbst etwas aus, das durch keine andere Farbe, kein anderes Medium ausgedrückt werden kann. Nachbarschaften wirken aufeinander, teils steigernd,

8. Steidle + Partner, Alfred-Wegener-Institut, Bremerhaven. Wandbild von Erich Wiesner mit den Namen von Alfred Wegener und Zeitgenossen. (Photo: Reinhard Görner, Berlin.)

8. Steidle + Partner, Alfred Wegener Institute, Bremerhaven. Mural by Erich Wiesner featuring the names of Alfred Wegener and contemporaries. (Photo: Reinhard Görner, Berlin.)

and added values that go beyond practical matters: the »image«, the »theme«, the »ideology« – whatever you call it – makes the practical envelope into a piece of architecture – provided the two are congruent.

And here, at the new building of the Alfred Wegener Institute, that is the case.

To provide evidence of this I have to go back to the façade treatment system that the building is based on. We said that the building seems to have been derived arbitrarily from the conditions bordering the plot – the water's edge, other buildings – in that its, the site's, corners were simply surrounded by a façade wall like a piece of cloth. But inside a right-angled network has been chosen, made up of staggered roads and paths with offices and labs on them, which then, apparently randomly, comes into contact with the outside edge.

But this interpretation neglects one important element that is part of the internal organization, and that is the inner courtyards (needed to light the working rooms) that are built into the rooms and corridor system. They not only provide a double complement for the space available, which can be used very practically – lighting for the working areas and somewhere for employees to spend their breaks – they also break up interior and exterior space – an **inner** courtyard is inside, an inner **courtyard** is outside. So inside and outside meet here, they are not separated by the wall, as in the case of a façade (and thus invisible to each other).

The way the courtyards are arranged means that when addressing the façades it is not possible to restrict oneself to the tweed-look »fabric around the posts«: the walls of the courtyards (and those of the towers) have to be treated differently – surfaces that are outside, but also, because they complete the interior, »somehow« inside – façade surfaces in any case, that have to be handled differently if one wishes to remain faithful to the »textile« concept.

These surfaces were also covered with glazed tiles, but not in a woven fabric pattern (tweed), but simply as a flat surface: yellow, green white and black; they look so smooth that they could have been applied like plasterwork.

Everywhere at the corners, where »tweed fabric« meets »flat plastered surface«, inner courtyard meets outside wall, the tiles are not only not taken round the corners of the building, but a great effort has even been made and great care taken that at the edges they are fired in the colour shade of the surfaces, to mark the conclusion at the point that these surfaces become visible at breaks in the building – spatial links are presented in two dimensions, rather than three.

Colour is also used two-dimensionally in the interior of the buiding.

The sculptor Erich Wiesner, whom the architects have been working with for many years, has created a colour structure for the individual corridor areas to identify their position in the building. This applies most particularly to the foyer. Few colours are used – blue, rust-red, yellow, white, anthracite, sometimes as paint on plaster, sometimes as a tiled wall covering –, giving the structure an intensively three-dimensional effect, but achieved (almost always) by applying colours to a surface, and not by taking them round the corners of the building. On the wall opposite the entrance the colour was condensed down into a mural featuring the names of Alfred Wegener and contempories.

So what have we got if a square column with four sides has only one of them picked out in colour, if colour is clearly accentuated, but not treated as a colour in a room, as would happen with a colourful wallpaper used to make a child's bedroom look more cheerful? Is it art? What rules does it follow?

Wiesner calls himself a »dyer«. This sounds prettily self-effacing, but is essentially flirtatious. He has been working on colour concepts with various architects for years, with Steidle since the International Center for Academic Exchange in Berlin (1983). There is no question: as a sculptor he uses colour three-dimensionally, as a »dyer« in architecture's three-dimensional spaces he tries to use »colour energy to make the shape of the building glow, to open up his guests' consciousness and thus make them more receptive to new influences. (...) In this way the building becomes a multi-dimensional reality in the dyer's consciousness. Lights, shade, spaces,

teils schwächend, wie bei jeder Begegnung. Bevorzugt man eine Farbe über ihre Notwendigkeit, so wird sich ihre Energie in Mattigkeit verwandeln. Es gibt Paletten oder auch Menschen, die zum Beispiel rotlastig, gelblastig, weißlastig oder schwarzlastig sind. Jeder kann dafür Beispiele einsetzen, sich selbst, Freunde, Bekannte. Vorlieben wie Abneigungen engen das Spektrum ein.«[8] Wiesner gibt den Farben eine starke Eigenständigkeit, fast möchte man sagen: Persönlichkeit (»Farben, die sich für uns entscheiden ...«[9]). Wenn man das akzeptiert, dann wird verständlich, was er mit den Farben in architektonischen Räumen macht, dann geht es nicht mehr um vage Stimmungen, sondern um eine Auseinandersetzung zwischen farblich gestaltetem Raum und den Menschen darin.

So trifft sich der Färber mit dem Architekten, der ja das gleiche versucht, wenn er nicht nur Zimmer an Fluren aufreiht, sondern Räume gestaltet, um den Menschen darin eine neue Dimension des Fühlens und Erlebens im Raum zu vermitteln, oder, mit den Worten Wiesners über die Zusammenarbeit zwischen Architekt und »Färber«: »Es muß das Verlangen geben, etwas Neuem zum Leben zu verhelfen. Die Stimulierungen sind wechselseitig. Eine Unkonzentriertheit bei einem selbst kann zur Wahrheit des anderen werden. Fehlen und Übermaß an Übereinstimmung haben beide ihre Gefahren. Vorteilhaft bei der Arbeit mit anderen ist die Unwahrscheinlichkeit, daß alle gleichzeitig an Schnupfen, Blähungen oder sonstigen Störungen leiden. Man kann dann besser aus den Käfigen ausbrechen.«[10]

Die Farbe so zu verwenden, wie es hier gemacht wird, hat eine Geschichte. Wiesner selbst bezieht sich in der zur Eröffnung des Alfred-Wegener-Instituts erschienenen Broschüre auf Piet Mondrian, und der Bezugspunkt liegt natürlich nahe, wenn es nicht um das Ausmalen von Räumen, sondern um den schöpferischen Zusammenstoß zwischen Architekt und, je nun, Färber geht.

Der Bezugspunkt ist aber wohl nicht nur formal, liegt nicht nur in der ästhetischen Ähnlichkeit. Die Maler und Architekten des De Stijl Anfang der zwanziger Jahre des 20. Jahrhunderts hatten mehr im Sinn, als nur Räume zu bauen und farblich zu gestalten in Rot, Blau, Gelb. Theo van Doesburg, Maler und ihr wichtigster Theoretiker, stellte fest – mehr im Sinne einer Forderung als einer Tatsache –, die neue Architektur sei »elementar, das heißt, sie entwickelt sich aus den Elementen des Bauens im weitesten Sinn (...). Im Gegensatz zu allen früherern Stilen kennt die neue Architekturmethode keinen abgeschlossenen Typ, keine Grundform. Der Funktionsraum ist streng in rechteckige Flächen eingeteilt, die einzeln keine Individualität besitzen; obgleich eine auf Grund der anderen festgelegt ist, können sie als sich unendlich ausdehnend vorgestellt werden. So bilden sie ein koordiniertes System, in dem alle Punkte einer gleichen Anzahl von Punkten im Universum entsprechen. Hieraus folgt, daß die Flächen direkte Beziehung zum unendlichen Raum haben.«

Sich entwickelnd aus den »Elementen des Bauens im weitesten Sinn« – keine schlechte Erläuterung der Räume Steidles und Wiesners. Nun war die Fläche als Beziehung zu einem unendlichen Raum, waren die Grundfarben und die Grundelemente des Bauens als Bezugsfeld zu einem quasi-religiösen Unendlichen etwas Zeitgebundenes, Teil der Zeit unmittelbar nach dem Ersten Weltkrieg, da eine bürgerliche Welt aus den Fugen geraten war. De Stijl stellte sich diesem Anspruch, der heute obsolet ist: der Reduktion auf die Grundfarben, auf einfache, orthogonale Systeme, die ja auch eine Vergewisserung der Basis von Architektur, Plastik und Malerei war – man sehe sich die Fassade des Schröder-Hauses in Utrecht (1924) von Gerrit Rietveld an, aber natürlich auch den Barcelona-Pavillon von Ludwig Mies van der Rohe mit seiner (edel verkleideten) Reduktion auf Stütze, Sockel, Dach!

Nein, eine erneute quasi-religiöse Beziehung zum All wird von Wiesner nicht hergestellt, selbst wenn er von »Zeichen für ein Energiefeld« schreibt, das die Hausgestalt still vibrieren läßt«.[11] Aber der Anspruch, auch aus einem eher bescheidenen Labor- und Bürogebäude mehr zu machen, als nur Boden, Decke, Wände aneinanderzufügen und mit Hilfe eines Flures zu erschließen, dieser Anspruch sollte auch heute noch von jedem Gebäude verwirklicht werden – gerade heute, da Begriffe wie »Globalisierung« und »virtuelle Welten« darüber hinwegtäuschen, daß Menschen immer noch an einem bestimmten Ort arbeiten oder wohnen. Das Elementare der Architektur findet sich hier. An diesen Ort. In diesem Raum. In diesen Farben, die gezielt appliziert wurden – noch einmal van Doesburg mit einem Satz, den ich im Internet gefunden habe: »Der Mensch lebt nicht in der Konstruktion, aber in der Atmosphäre, die durch die Oberfläche hervorgerufen wird.«[12]

Bremerhaven ist eine nüchterne Stadt. Die vornehmen Bremer Kaufleute brauchten die Gründung an der Weser, weil ihr kleiner Fluß mit dem Hafen für die großen Schiffe nicht genug Wasser unter dem Kiel bot – das war keine Entscheidung für eine neue Stadt, sondern eine ganz pragmatische wirtschaftliche Überlegung; die Stadt, die daraus entstand, war den Bremern nur Wirtschaftsstandort. Der entwickelte sich, dort wurde die erste europäischen Schiffahrtslinie in die USA gegründet, das bot sich dann auch als Standort für die Industrie an, mit der man als Bremer Geld verdienen, die man aber nicht vor der Haustür haben wollte. (Etwas Ähnliches wurde von den Hamburgern mit Harburg gemacht.) So war Bremerhaven schon immer Arbeiterstadt mit einem sehr spezifischen Gepräge – die auch heute noch gebräuchliche Bezeichnung »Fischtown« erzählt davon.

Arbeiterstädte, nicht nur im Ruhrgebiet oder in Ostdeutschland, haben es heute schwer; seit vielen Jahren kämpft Bremerhaven mit hoher Arbeitslosigkeit. (Wegen der Perspektivlosigkeit vieler Menschen dort war die Stadt auch die erste, die eine rechtsradikale Partei in ihrem Stadtparlament dulden mußte.)

Nun haben die Städte am Wasser seit der Erfindung des Containers Mitte der sechziger Jahre eine neue Chance bekommen, nachdem andere traditionelle Hafennutzungen vom Passagierverkehr bis zur Fischindustrie abnehmen. Die Chance liegt nicht in der Ausweitung des Seeverkehrs, zumal die mit immer weniger Arbeitskräften bewältigt wird, sondern in dessen strukturellen Folgen: Denn die Container brauchen anstelle langer Kaimauern für lange Liegezeiten der Schiffe große, zusammenhängende Lagerflächen. Seitdem verändert sich die Hafenstruktur weltweit dramatisch bis hin zur Auflassung ganzer Häfen: London war im 19. Jahrhundert der wichtigste Hafen Europas und ist als Hafen heute tot.

Viele Hafenstädte aber – und das gilt von Baltimore bis Barcelona, von Antwerpen bis Kapstadt – erhalten

zones, places, corridors, quarters becomes sources of energy for action.«[7] Another dimension is added to the third.

There can be no discussion about the effect Erich Wiesner's colour design makes: a space is not being made to convey a particular mood here, defined by colour – »we'll do the children's room in sunflower yellow« – but the spatial structure is being accentuated, dynamized, so that as a visitor one is offered a new experience – or better: a new tour of inspection. So logically the colour is restricted to areas that are not used for office or lab work.

»Every open palette needs a balanced relationship with red, yellow and blue. Each of these colours expresses something through itself that cannot be expressed by any other colour, any other medium. When they are placed close together this can sometimes enhance, sometimes weaken their effect, as with any encounter. If a colour is preferred beyond the limits of its necessity, then its energy will dissipate into exhaustion. There are palettes, or indeed people, that are red-heavy, yellow-heavy, white-heavy or black-heavy. Anyone can think of examples, themselves, friends, acquaintances. Likes and dislikes restrict the spectrum.«[8] Wiesner accords the colours a great deal of independence, I would almost like to say: personality (»colours that choose us ...«[9]). If that can be accepted, then it is not just about vague moods any longer, but about a dialogue between a space with colour dimensions and the people in it.

And so the dyer meets the architect, who is trying to do the same thing by not just arranging rooms on corridors, but creating spaces in order to convey a new dimension of feeling and experiencing in space to the people in them, or, taking Wiesner's statements about architect and dyer working together: »There has to be a desire to bring something new to life. The stimulation is a two-way process. If one fails to concentrate oneself, this can become someone else's truth. A lack of agreement and too much agreement each have their dangers. One advantage of working with others is that they are unlikely all to have colds, flatulence or other problems at the same time. It's easier to break out of the cages then.«[10]

There is a story behind using colour in the way it is being used here. Wiesner himself cites Piet Mondrian in the brochure that appeared for the opening of the Alfred Wegener Institute, and of course that link immediately suggests itself if we are not talking about painting rooms, but about a creative confrontation between architect and, in this case, dyer.

But the link is almost definitely not just formal, and does not just depend on aesthetic similarity. The De Stijl painters and architects in the 1920s had more in mind that just building rooms and designing red, blue and yellow colour schemes for them. Theo van Doesburg, a painter and their most important theoretician, stated – more as a demand than a fact – that the new architecture is »elemental, in other words, it develops from the elements of building in the broadest sense (...). Unlike all previous styles, the new architectural method has no definite type, no basic form. Functional space is rigorously divided into rectangular areas that have no individual qualities in their own right; even though one is fixed on the basis of another, they can be imagined stretching to infinity. In this way they form a coordinated system in which all the points correspond with the same number of points in the universe. It follows from this that the areas relate directly to infinite space.«

Developing from the »elements of building in the broadest sense« – not a bad interpretation of the rooms created by Steidle and Wiesner. But an area relating to an infinite space, primary colours and basic building elements as a field relating to a quasi-religious infinite quality, were something that was bound up with a particular period, part of the time immediately after the First World War when a bourgeois world had slipped out of joint. De Stijl had a particular ambition that is now obsolete: reduction to primary colours, to simple, orthogonal systems, which also made the basis of architecture, sculpture and painting more certain – one has only to look at the façade of the Schröder House in Utrecht (1924) by Gerrit Rietveld, but of course also Ludwig Mies van der Rohe's Barcelona pavilion with its (nobly dressed) reduction to column, base, roof!

No, Wiesner is not creating a new, quasi-religious link with the universe, even when he writes about a »sign for an energy field that makes the shape of the building vibrate quietly«.[11] But making even an essentially modest lab and office building more than just floor, ceiling and walls added together and accessed from a corridor is something that every building should insist on doing today – today in particular, as concepts like »globalization« and »virtual worlds« gloss over the fact that people still work or live in a particular place. Here we have architecture in its elemental state. In this very place. In this room. In these colours, which were applied for a particular purpose – here is van Doesburg again with a sentence I found on the internet: »Man does not live in the construction, but in the atmosphere evoked by the surface.«[12]

Bremerhaven is an austere town. The grand Bremen merchants needed this new foundation on the Weser because their little river and its harbour could not provide enough water under the keels of the big ships – it was not a decision to build a new town, but a completely pragmatic commercial consideration; the town that emerged was just a commercial location for the people of Bremen. It developed, the first European shipping line to the USA was founded here, then it seemed a suitable location for industry, which the people of Bremen wanted in order to make money, but not on their own doorsteps (the people of Hamburg did something similar with Harburg). So Bremerhaven was always a working town of a very specific kind – the name »Fishtown«, which is still used today, says it all.

Working towns are struggling today, and not just in the Ruhr or East Germany; Bremerhaven has been fighting a high level of unemployment for many years. (Because many people there have such a poor prospect the town was also the first that had to put up with a radical right-wing party in its municipal parliament.)

Then the container was invented in the mid sixties, and this gave waterside towns a new opportunity, after other traditional harbour uses from passenger traffic to the fishing industry had declined. The opportunity did not lie in the expansion of marine traffic, as that is handled with increasingly small labour forces, but in its structural consequences: the containers do not need long harbour walls that ships moor against for a long time, but large, coherent storage areas. Since then harbour structures have declined dramatically all over the world, to the point where entire harbours are aban-

eine neue Chance, weil die alten, innenstadtnahen Hafengebiete nicht mehr gebraucht werden und damit für neue Nutzungen zur Verfügung stehen – man kann die Innenstädte erweitern für Büros, Handel, Wohnen und Tourismus. Voraussetzung allerdings ist, daß diese Städte für die neuen Erwerbsszweige auch attraktiv sind; der Städtetourismus zum Beispiel ist ein mimosenhaftes Pflänzchen, das gepflegt sein will. Wer erinnert sich noch an die zwei Millionen Touristen, die im ersten Jahr nach Eröffnung des Guggenheim-Museums nach Bilbao gepilgert sind?

Heute ist es allenfalls noch ein Viertel davon, und Bilbao ist wieder in der Versenkung der Tourismusmanager verschwunden (ungerechtfertigterweise, übrigens). Aber man erkennt die Gefahr: Die einmalige Sensation reicht nicht.

Die Stadtväter von Bremerhaven arbeiten seit langem an einem nachhaltigeren Konzept, das auch und gerade Architektur als Anker für die Identifikationsbedürfnisse der Besucher einsetzt. »Arbeiterstadt«? Das Deutsche Schiffahrtsmuseum von Hans Scharoun wurde 1970 fertiggestellt und Ende der neunziger Jahre von Dietrich Bangert erweitert. Die Reihenhäuser an der Deichstraße von Peter Weber galten als Highlight des deutschen postmodernen Eklektizismus; Gottfried Böhms Hochschule in der ehemaligen Carlsburg-Brauerei ist auch heute noch ein Musterbeispiel für eine historisch bewußte Umnutzung; Oswald Mathias Ungers' Dampfer des ersten Alfred-Wegener-Instituts steht als Beispiel seiner »Thematisierung der Architektur«. (Ursprünglich sollte wohl ein weiterer Bauteil angefügt werden, was seinen Proportionen gutgetan hätte; so steht heute nur der erste Bauabschnitt.) Selbst die massiven Bauten des Columbus Center aus dem Ende der siebziger Jahre, Relikt eines Denkens in »städtebaulichen Dominanten« und mit vielen Kubikmetern umbauten Raumes, halten sich erstaunlich gut; und als Neuestes ist jetzt das Auswandererhaus (Studio Andreas Heller) hinzugekommen, das an die Tatsache erinnert, daß immerhin rund sieben Millionen Deutsche im 19. Jahrhundert ausgewandert sind.

Also Museen, Forschungs- und Lehreinrichtungen, die den Ort Bremerhaven als Ausgangs- und Anknüpfungspunkt nehmen und daher unabhängig von einmaligen Sensationen sind; Architekten, die die Aufgabe ernst nehmen, an einem spezifischen Ort zu bauen, anstatt mit hochgepuschten Exzentrizitäten Mediensensationen für einen Tag zu produzieren – das ist immerhin ein Konzept! Möglicherweise reicht es nicht für andauernden Wohlstand in Bremerhaven – das Bundesland Bremen zählt zu den ärmsten der Republik. Wenn Bremerhaven auf Qualität der Nutzungen, spannende Inszenierungen (wie beim Auswandererhaus) und eine qualitätvolle Architektur setzt, dann handelt es vernünftiger und nachhaltiger als der große Bruder weseraufwärts, der sich mit dem »Space Park« finanziell entsetzlich verhoben hat.

Auch aus diesem Grund paßt der jüngste, der hier beschriebene Bau; er bekommt eine über die Nutzung hinausreichende Bedeutung als ein Stück Architektur, das für eine Stadt steht, die sich der Qualität von Architektur bewußt ist und diese für die Qualität der Stadt einsetzt.

Hafen und Meer, Gottfried Semper und Piet Mondrian: Kann man eigentlich als Leser oder einfach als Flaneur durch das Haus gehen und mit derartigen Bezugslinien etwas anfangen? Sind sie wirklich relevant bei der Empfindung? Der Architekturpublizist Charles Jencks, der die »Sprache der postmodernen Architektur« erfand, hat als Merkmal qualitätvoller Bauten das »double-coding« ausfindig gemacht, die mehrfache Lesbarkeit von architektonischen Elementen, die alle auf das gleiche Ziel, auf die gleiche Bedeutung verweisen. Die gotische Kathedrale war für den ungebildeten Bauern als »heiliger Ort« verstehbar, weil er das Kreuz im Grundriß als Symbol lesen, den Einfall des Sonnenlichts durch die farbigen Fenster als überirdisch empfinden konnte. Der gebildete Mönch hingegen interpretierte den Blick, den die Figur im Westwerk mit einer auf der anderen Seite wechselte – beide lesen etwas anderes, das aber übereinstimmend auf die sakrale Bedeutung des Gebäudes verweist.

Wenn das richtig ist, kann man den Architekturkritiker ruhig spinnen lassen – »spinnen« nicht im Sinne von »lügen«, sondern im Sinne von »eine Geschichte weitererzählen«: Er, der Kritiker, versucht zu klären, was er erlebt hat. Das Erleben aber ist das Entscheidende: »Architektur wird«, so sagte es der große Le Corbusier, »von Augen beurteilt, die sehen, von einem Kopf, der sich dreht, von Beinen, die gehen«.

Gehen Sie also hin!

PS: Die Sache mit den Pinguinen ist noch zu klären. Der Zusammenhang liegt keineswegs in der Verwendung bestimmter Farben wie Weiß und Schwarz. Es geht auch nicht um Tarnung auf dem Eis – schwarz auf weißem Eis gilt nicht als gute Tarnung; die Pinguine haben sie auch nicht nötig –, die Eisbären haben sich die gegenüberliegende Seite der Erde ausgesucht. Es geht um das Schmücken, um die Wirkung von Farbkombinationen, wie sie an der Außenfassade des Alfred-Wegener-Instituts liegen: »Wie das Flechtwerk das Ursprüngliche war«, so noch einmal Gottfried Semper, »so behielt es auch später, als die leichten Mattenwände in feste Erdziegel-, Backstein und Steinquadermauern sich umgestalteten, der Wirklichkeit oder bloß der Idee nach, die ganze Wichtigkeit ihrer früheren Bedeutung, das eigentliche Wesen der Wand.« Beim Pinguin würde sich an der Funktion des Federkleids nichts ändern, wenn es ganz weiß wäre. Der Rest ist Schönheit.

Einen »Pinguin-Effekt« dagegen kann man dem Büro von Otto Steidle in keinem Fall nachsagen; der leitet sich, laut *Wikipedia*, »aus dem (angeblichen!) Verhalten von hungrigen Pinguinen ab, die auf einer Eisscholle verharren, anstatt ins Wasser zu springen und nach Nahrung zu suchen, weil sie sich vor potentiellen Freßfeinden fürchten. Der einzelne Pinguin weiß nicht, ob sich tatsächlich Feinde im Wasser befinden, und verhungert (angeblich!) in vielen Fällen eher, als daß er als erster ins Wasser gleitet.«

Das ist nicht die Art des Büros Steidle. Die trauen sich was.

[1] Pierre-Alain Croset in *Casabella*, 12/1982.
[2] Oswald Mathias Ungers, *Die Thematisierung der Architektur*, Stuttgart 1983, S. 119.
[3] Stiftung Alfred-Wegener-Institut (Hg.), *Alfred-Wegener-Institut – der Neubau in Bremerhaven*, o.O. 2004, S. 9.
[4] Gottfried Semper, *Vorläufige Bemerkungen über bemalte Architectur und Plastik bei den Alten*, 1834.
[5] Stiftung, a.a.O., S. 7.
[6] Gert Kähler, *Ein Jahrhundert Bauten in Deutschland*, Stuttgart 2000, S. 208.
[7] Erich Wiesner, »Es soll sich drehen«, in: *Otto Steidle: Bewohnbare Bauten*, Zürich/München/London 1994, S. 141.
[8] Ebd., S. 143.
[9] Ebd., S. 141.
[10] Ebd., S. 143.
[11] Stiftung, a.a.O., S. 12.
[12] http://de.wikipedia.org/wiki/Theo_van_Doesburg

doned: London was the most important port in Europe in the 19th century, and now port activity has ceased completely.

But many harbour towns – and this applies from Baltimore to Barcelona, from Antwerp to Cape Town – are getting new opportunities because the old inner-city harbour areas are no longer in use and thus available for other purposes. This means that the city centres can be expanded to provide offices, commerce, homes and tourism. But it is then essential that these towns are attractive to the new branches of industry; urban tourism, for example, is a tender little plant that has to be nurtured carefully. Who can still remember that almost two million tourists made the pilgrimage to Bilbao in the first year after the Guggenheim Museum was opened?

But today the numbers are down to about a quarter of that, and Bilbao has once more disappeared from the tourism managers' scene (unjustifiably, incidentally). But the danger can be identified: a one-off sensation is not enough.

The Bremerhaven city fathers have been working for a long time on a more durable concept that is also using architecture and architecture in particular as an anchor for visitors' identification needs. »Working town«? Hans Scharoun's German Maritime Museum was completed in 1970, and extended by Dietrich Bangert in the late nineties. Peter Weber's terraced houses in Deichstrasse were seen as a high point of German postmodern eclecticism; Gottfried Böhm's college in the former Carlsburg brewery is still a textbook example of a historically sensitive conversion; Oswald Mathias Ungers's steamer that is the first Alfred Wegener Institute remains an example of his »introduction of themes into architecture«. (The original intention was probably to add another section to the building; in this case what we see is the first building phase.) Even the massive Columbus Center buildings dating from the late seventies, relics of thinking in »urban development dominants«, and containing many cubic metres of enclosed space, are holding their own astonishingly well; and now the most recent feature is the Auswandererhaus (Studio Andreas Heller), a reminder of the fact that about seven million Germans emigrated in the 19th century.

So we have museums and research and teaching institutions that take Bremerhaven as a starting and contact point and are thus independent of one-off sensations; architects who take the task of building in a specific location seriously rather than producing one-day media sensations with high-octane eccentricities – and that is a concept in its own right! Possibly it is not enough for sustainable prosperity in Bremerhaven – Bremen is one of Germany's poorest states. If Bremerhaven is going for quality of use, exciting presentations (as in the case of the Auswandererhaus) and high-quality architecture, then it is behaving more sensibly and sustainably than its big brother up the Weser, which has overstretched itself terribly with the »Space Park«.

And the most recent building, the one we are talking about here, fits in for this reason as well; it acquires a significance as a piece of architecture that goes beyond its function, standing for a city that is aware of the quality of architecture and uses this to enhance the quality of the town.

Harbour and sea, Gottfried Semper and Piet Mondrian: is it actually possible as a reader or simply a stroller to walk through the building and make sense of reference points like these? Are they really relevant to what we feel? The architecture journalist Charles Jencks, who invented the »language of post-modern architecture«, invented the term »double-coding« as a characteristic of high-quality buildings. This identifies architectural elements that can be read in a number of ways, all pointing towards the same goal, the same meaning. For uneducated peasants, the Gothic cathedral was intelligible as a »holy place«, because they could read the cruciform ground plan as a symbol, and the sunlight streaming through the stained-glass windows as celestial. But educated monks interpreted the look that the statue in the westwork was exchanging with another one – both are reading something different, but in each case it indicates the building's religious significance.

If this is correct, then architecture critics can be left to weave their ideas – not to pull the wool over people's eyes, but in the sense of weaving the rest of a story together: they, the critics, try to explain what they have experienced. But experiencing is the crucial thing: »Architecture«, declared the great Le Corbusier, »is judged by eyes that see, by a head that turns, by legs that walk.«

So go and have a look

PS: That still leaves us with the penguin business. The link is not about using certain colours like black and white. It is also not about camouflage on the ice – black against white ice is scarcely good camouflage, and the penguins don't need it – the polar bears chose to live at the other end of the earth. It is about decoration, about the effect of colour combinations, as we see them on the outer façade of the Alfred Wegener Institute: »Just as wattle and daub was the original thing,« to quote Gottfried Semper again, »later too, when the light mat walls became solid mud-brick, brick and ashlar walls, according to reality or merely to the idea, it retained the whole weight of its earlier significance, the actual essence of the wall.« In the case of the penguin nothing would change about the function of the feathers even if they were completely white. The rest is beauty.

But one can certainly not ascribe a »penguin effect« to the Otto Steidle practice; according to *Wikipedia*, this is derived »from the (alleged!) behaviour of hungry penguins, who stay on an ice floe, rather than jumping into the water and looking for food, because they are afraid of potential enemies who might eat them. Individual penguins do not know whether there actually are enemies in the water, and (allegedly!) would rather starve than be the first to slip into the water.«

The Steidle practice isn't like that. They have confidence in themselves.

1 Pierre-Alain Croset in *Casabella*, 12/1982.
2 Oswald Mathias Ungers, *Die Thematisierung der Architektur*, Stuttgart 1983, p. 119.
3 Stiftung Alfred-Wegener-Institut (ed.), *Alfred-Wegener-Institut – der Neubau in Bremerhaven*, n.p. 2004, p. 9.
4 Gottfried Semper, *Vorläufige Bemerkungen über bemalte Architectur und Plastik bei den Alten*, 1834.
5 Stiftung, loc. cit., p. 7.
6 Gert Kähler, *Ein Jahrhundert Bauten in Deutschland*, Stuttgart 2000, p. 208.
7 Erich Wiesner, »Es soll sich drehen«, in: *Otto Steidle: Bewohnbare Bauten*, Zurich/Munich/London 1994, p. 141.
8 Ibid., p. 143.
9 Ibid., p. 141.
10 Ibid., p. 143.
11 Stiftung, loc. cit., p. 12.
12 http://de.wikipedia.org/wiki/Theo_van_Doesburg

1. Luftbild von Südwesten. (Photo: Wolfhard Scheer, Schiffdorf.)

1. Aerial view from the south-west. (Photo: Wolfhard Scheer, Schiffdorf.)

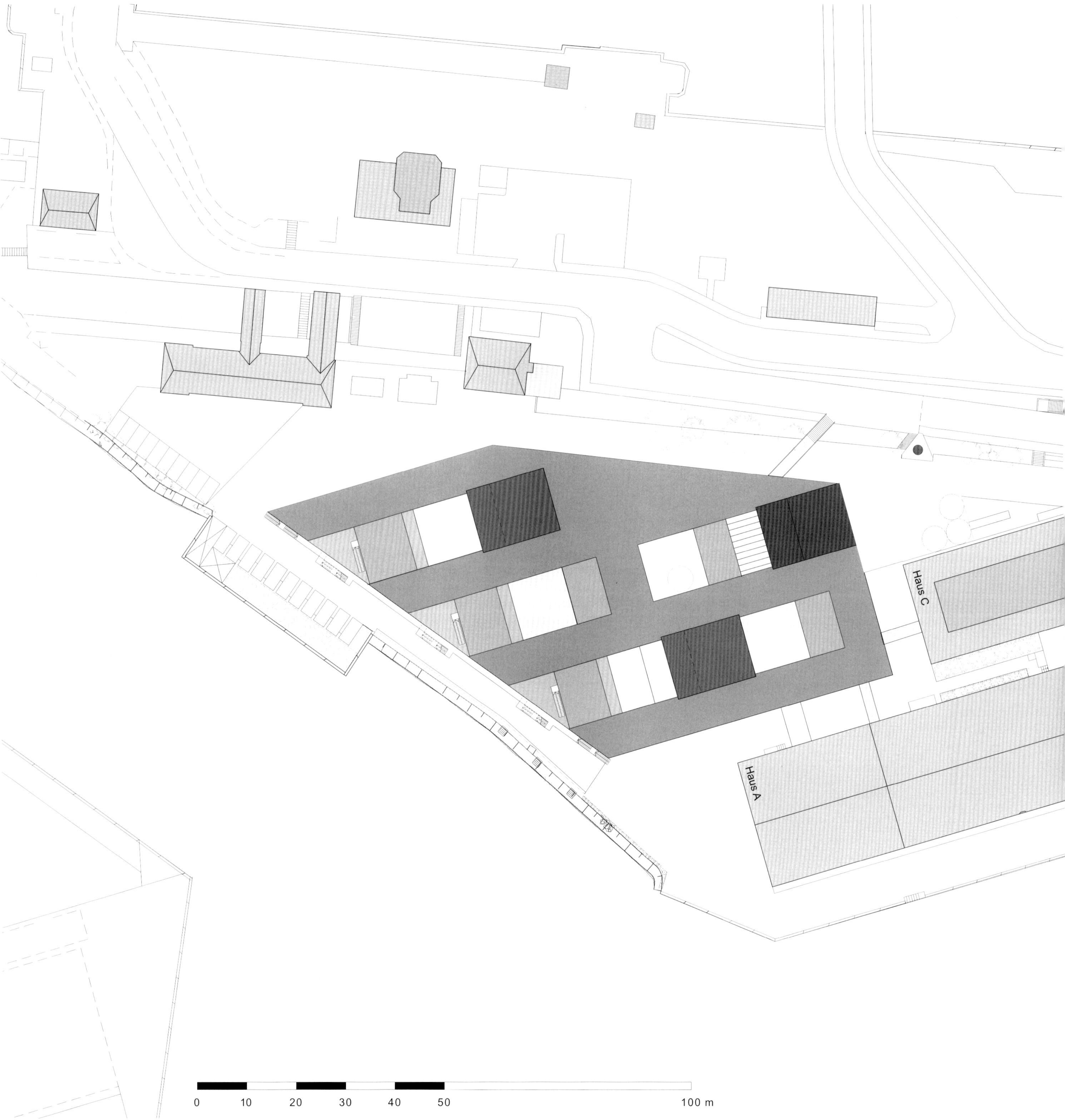
Haus C
Haus A
0
10
20
30
40
50
100 m

2. Lageplan.

2. Site plan.

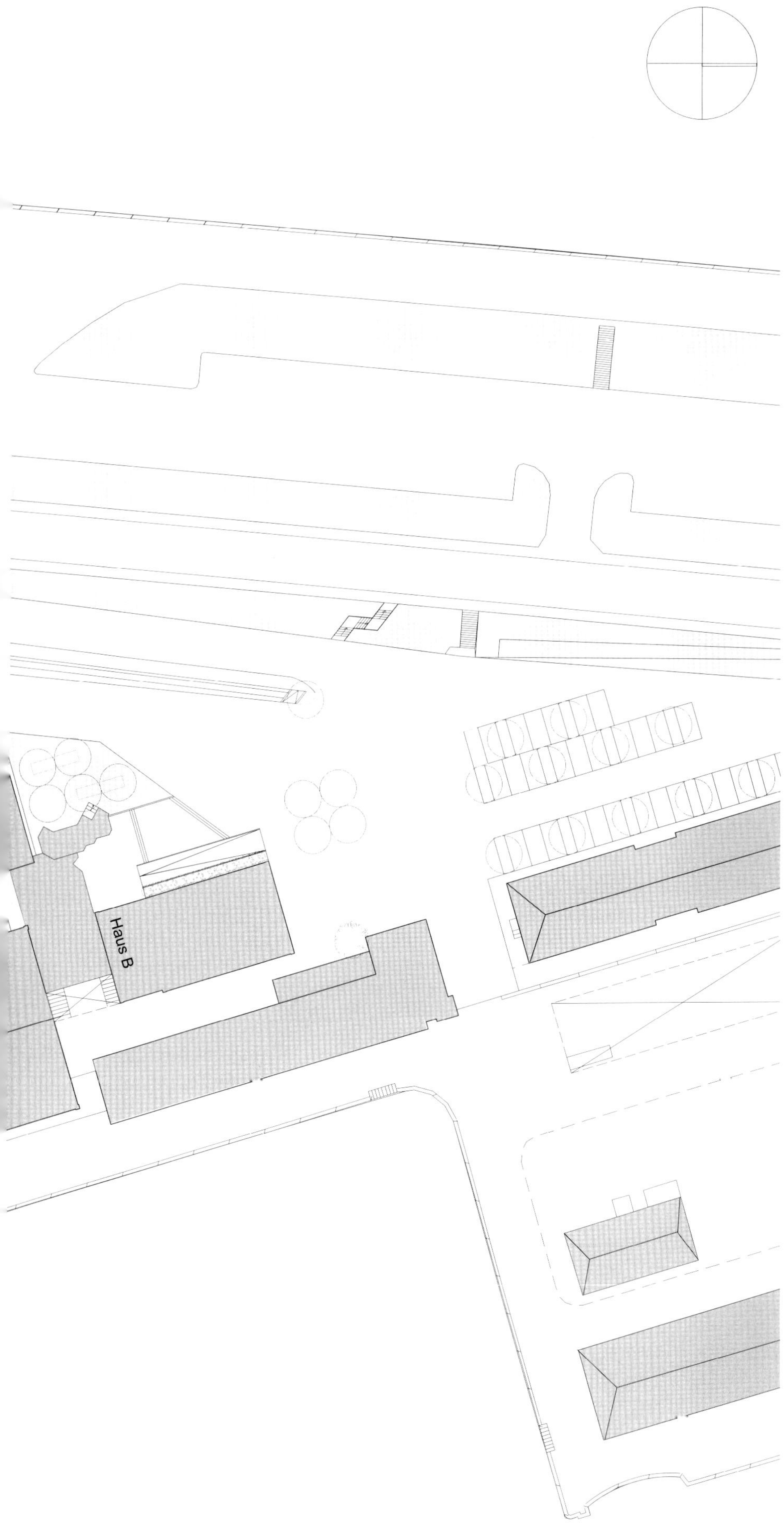

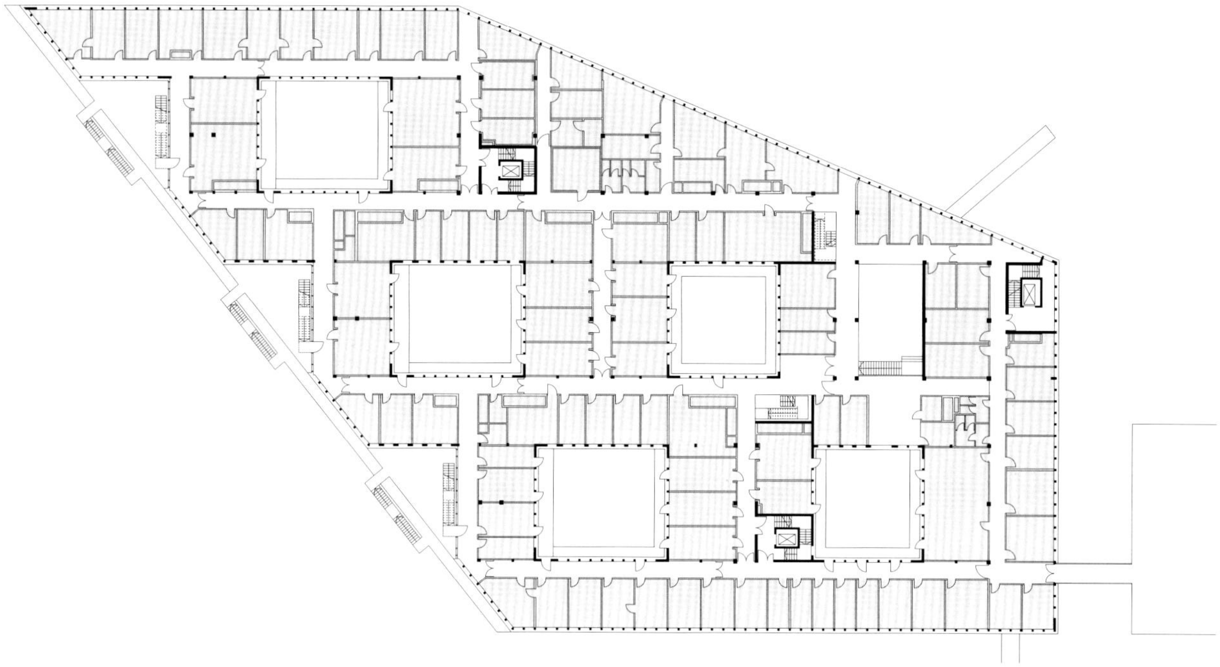

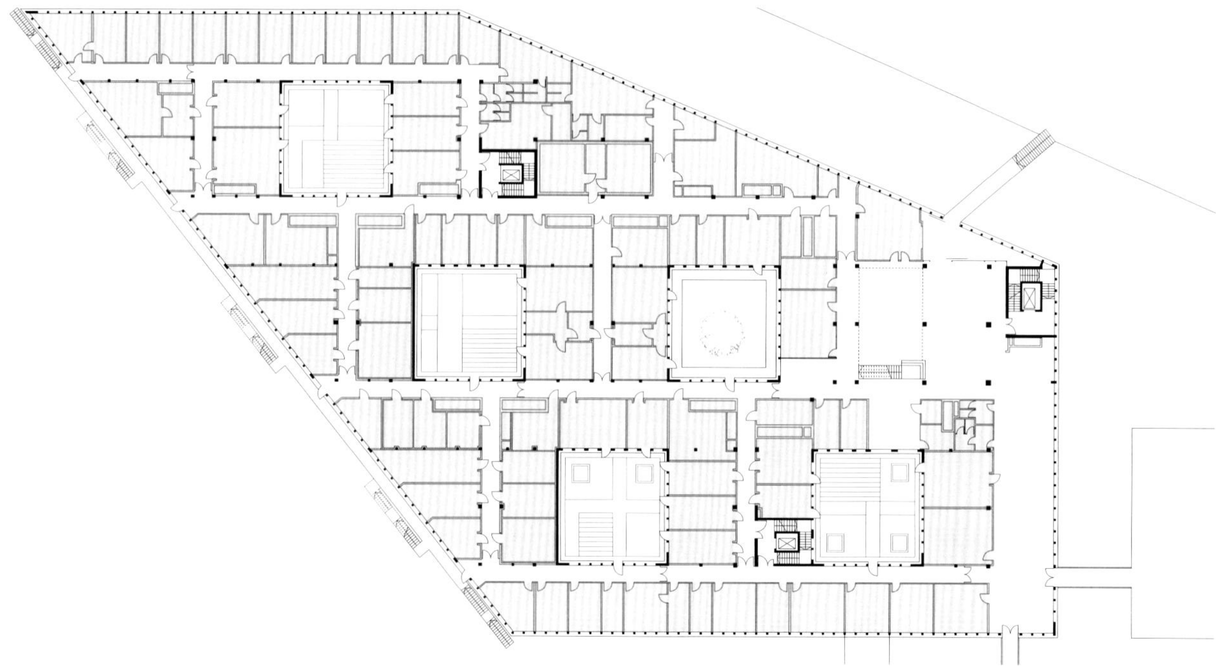

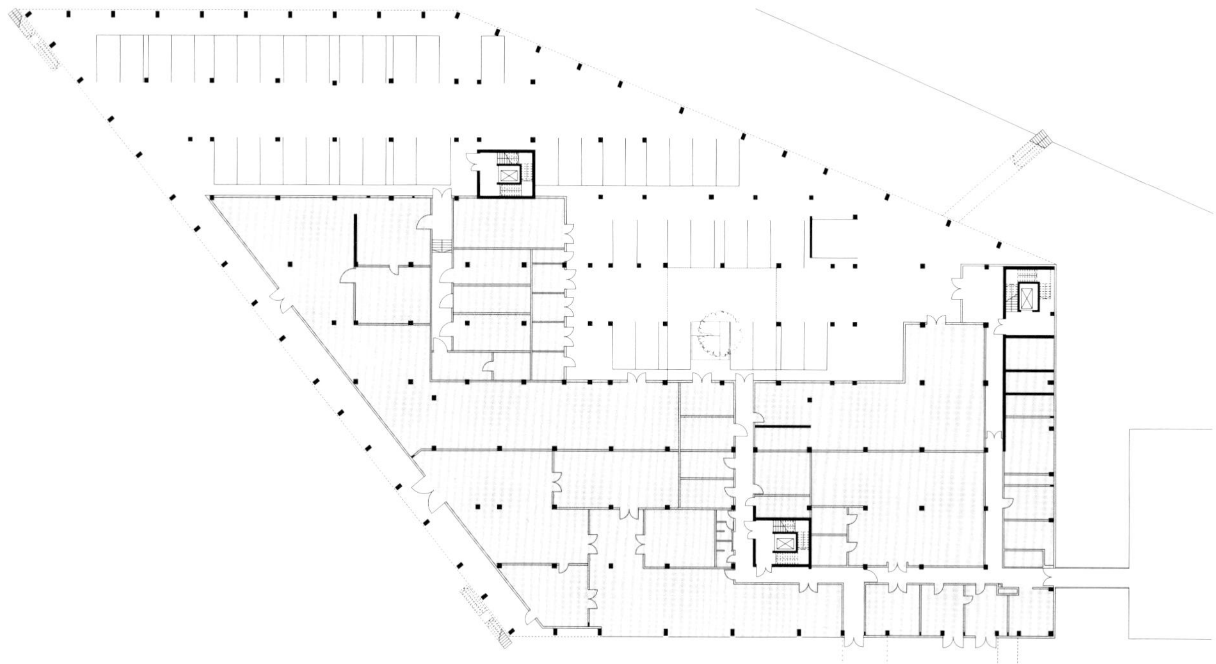

3–8. Grundrisse (Ebenen 0, 1, 2, 3, 4, 6).

3–8. Floor plans (levels 0, 1, 2, 3, 4, 6).

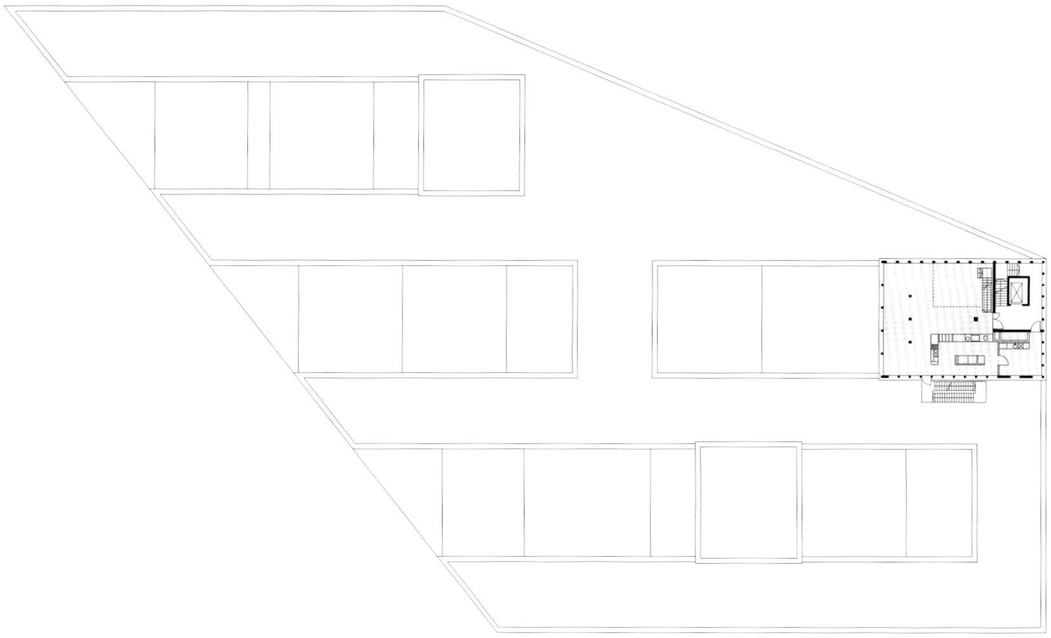

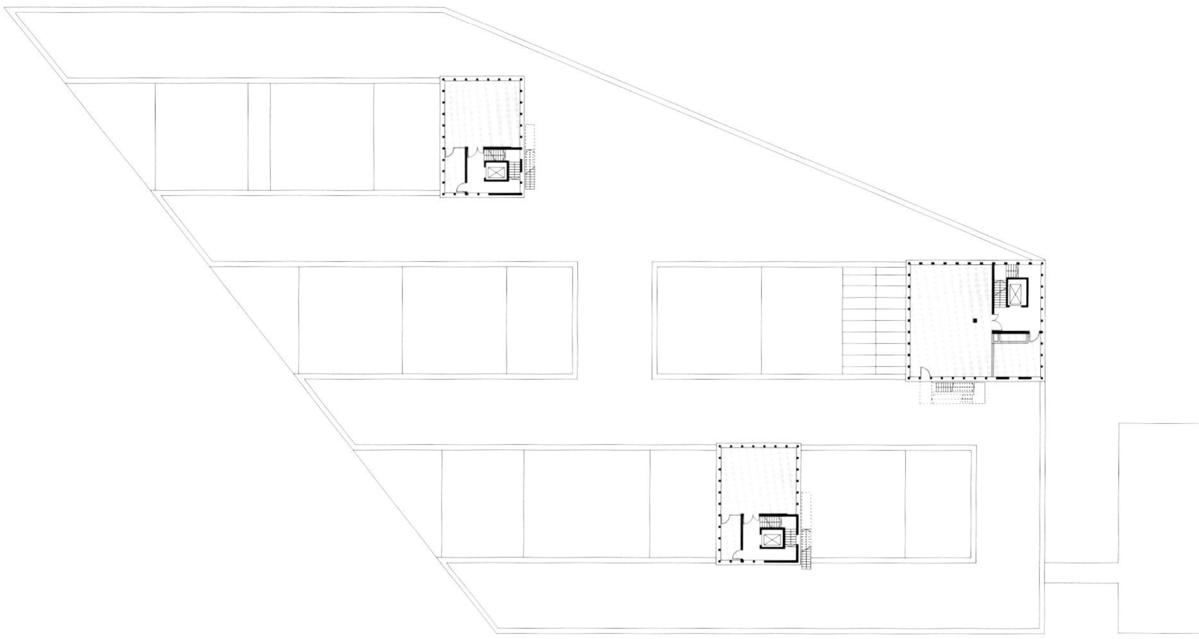

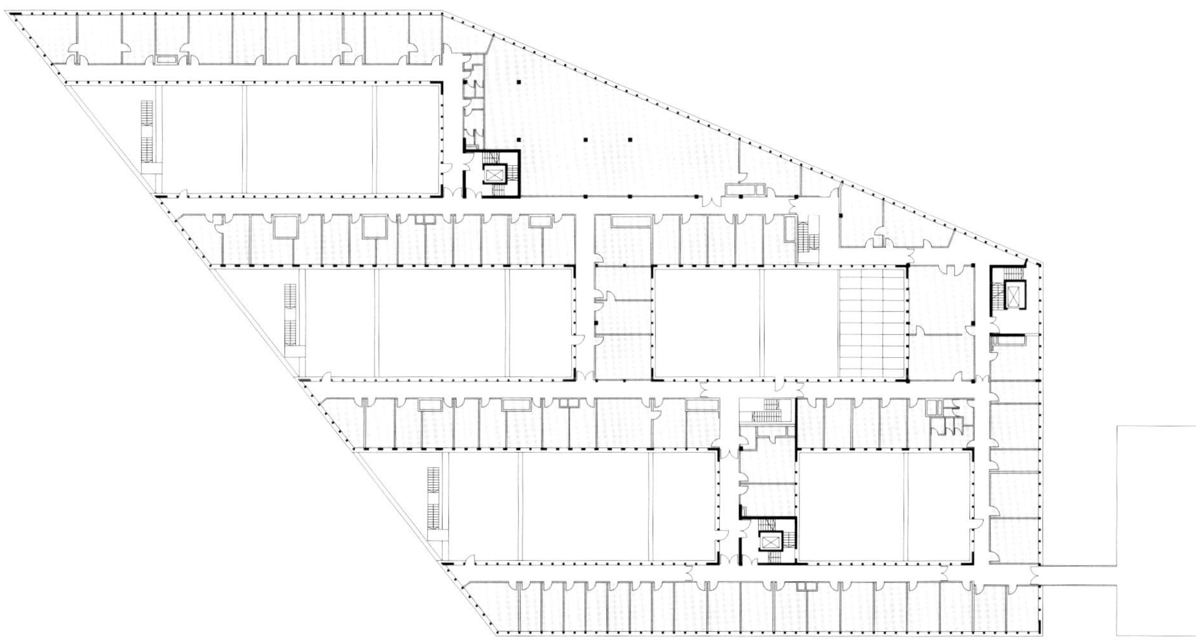

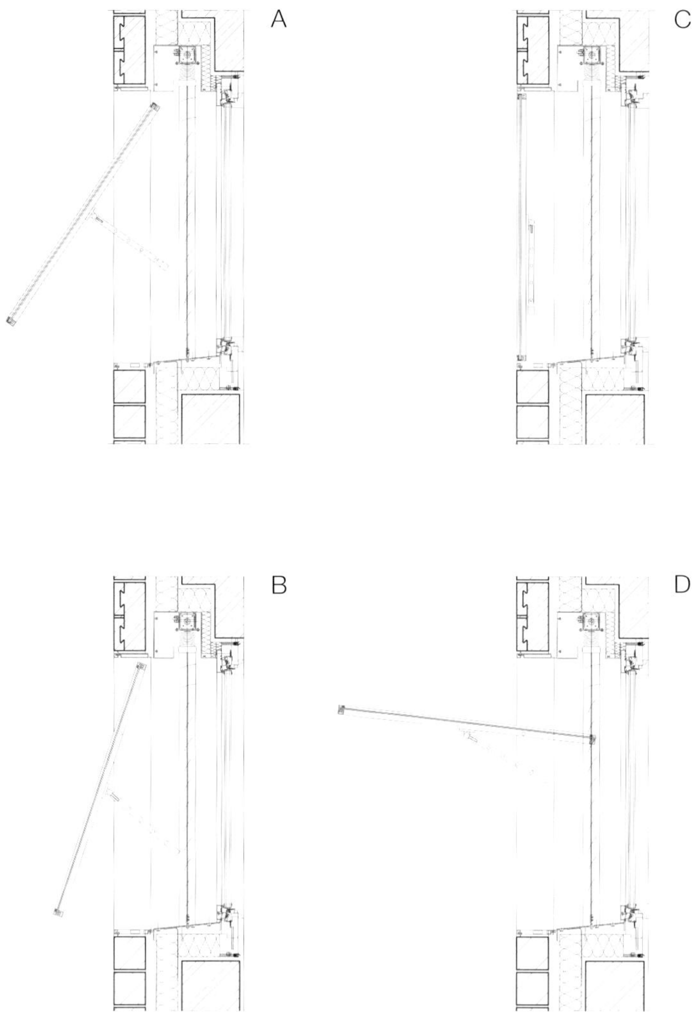
A
C
B
D

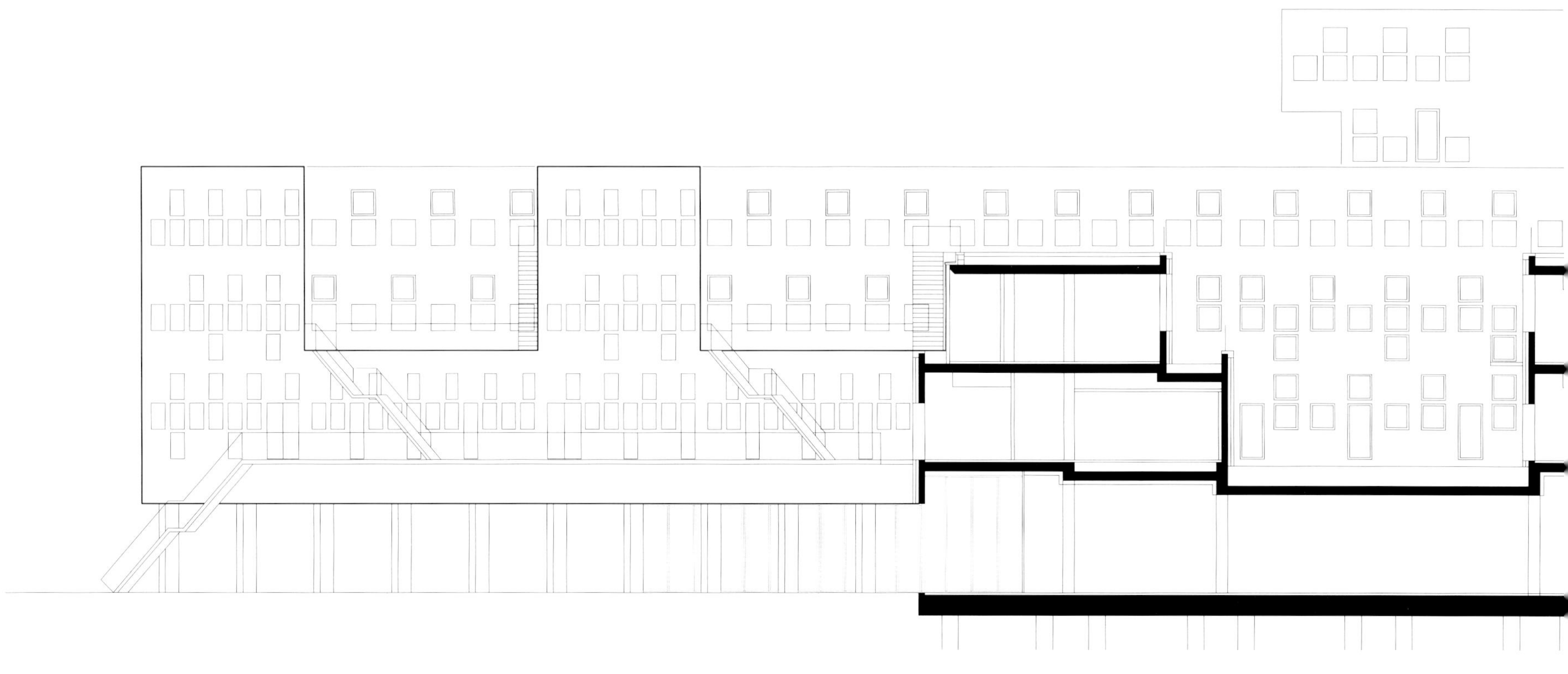

9. Fensterdetails. A Sommerposition, B Winterposition, C Sturmposition, D Putzposition.
10. Computersimulation der Fassade.
11. Längsschnitt.

9. Window details. A sommer position, B winter position, C storm position, D cleaning position.
10. Computer simulation of the façade.
11. Longitudinal section.

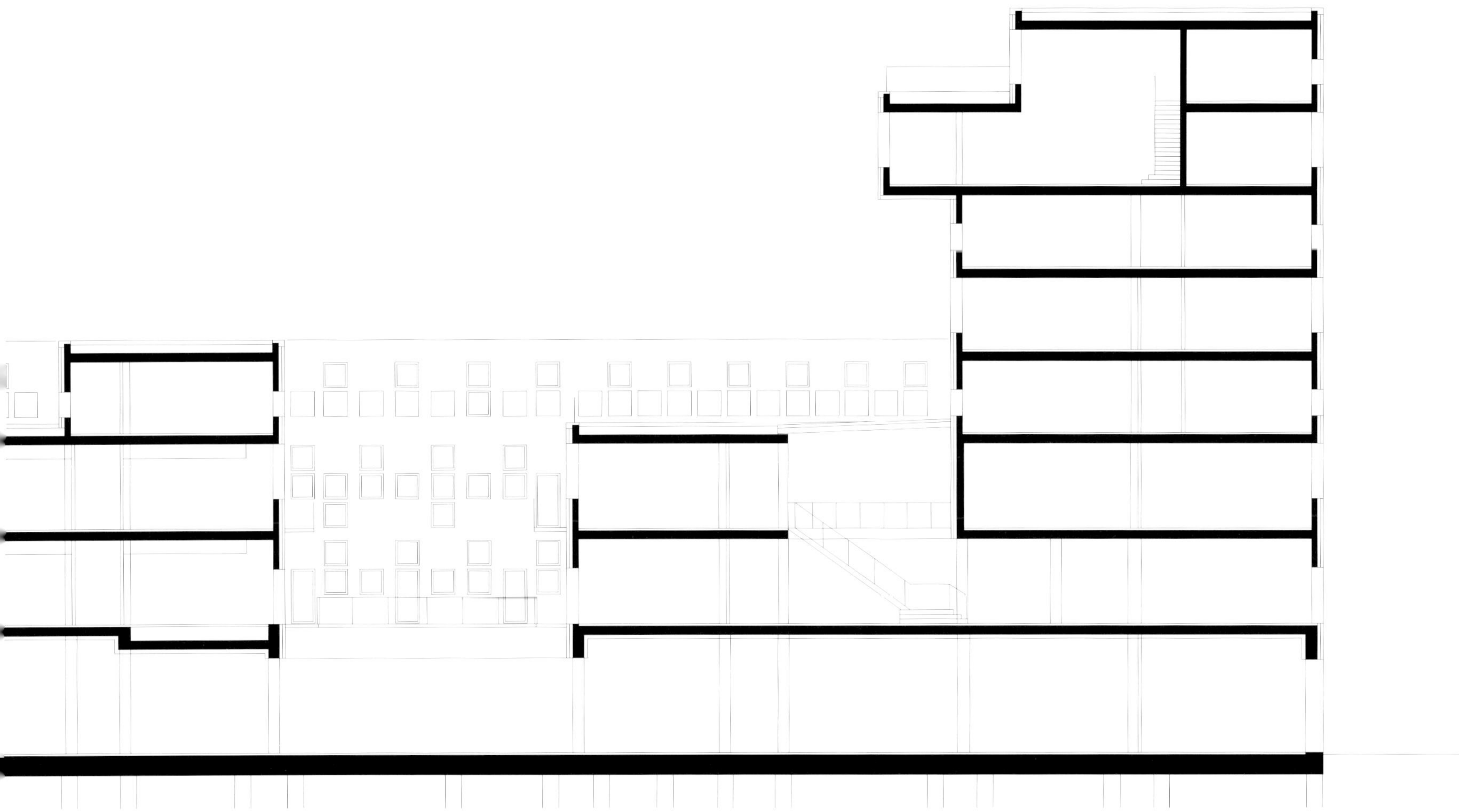

1. Gesamtansicht von Südosten.

1. General view from the south-east.

2. Gesamtansicht von Westen.

2. General view from the west.

3. Gesamtansicht von Nordosten.
4. Gesamtansicht von Osten.

3. General view from the north-east.
4. General view from the east.

5. Teilansicht von Westen mit Eingangsbrücke und Kasinoturm.
6. Teilansicht von Südwesten.

5. Partial view from the west with entrance bridge and casino tower.
6. Partial view from the south-west.

7. Gesamtansicht von Nordwesten.
8. Teilansicht von Südwesten.

7. General view from the north-west.
8. Partial view from the south-west.

9. Teilansicht von Süden.
10. Teilansicht von Nordosten.

9. Partial view from the south.
10. Partial view from the north-east.

11. Detailansicht der Westseite.
12. Detailansicht der Südostseite.

11. Detailed view of the west side.
12. Detailed view of the south-east side.

13, 14. Detailansichten der Südostseite.

13, 14. Detailed views of the south-east side.

15, 16. Detailansichten der Südostseite.

15, 16. Detailed view of the south-east side.

17. Blick von Westen über den Hof im Westen.
18. Blick von Süden über den Hof im Westen.

17. View across the courtyard in the west from the west.
18. View across the courtyard in the west from the south.

19. Blick von Süden in den Hof im Westen.
20. Blick von Westen in den Hof im Westen.

19. View into the courtyard in the west from the south.
20. View into the courtyard in the west from the west.

21. Blick von Süden in den südlichen zentralen Hof.
22. Blick von Süden in den nördlichen zentralen Hof.

21. View into the southern central courtyard from the south.
22. View into the northern central courtyard from the south.

23. Blick von Westen über den südlichen Hof im Osten.
24. Blick von Osten in den nördlichen Hof im Osten.

23. View across the southern courtyard in the east from the west.
24. View into the northern courtyard in the east from the east.

25. Blick in die Eingangshalle von Westen.
26. Blick in die Eingangshalle von Osten.

25. View into the entrance hall from the west.
26. View into the entrance hall from the east.

27. Treppe an der Nordwestseite des Gebäudes.
28. Treppe im Zentrum des Gebäudes

27. Stairs on the north-west side of the building.
28. Stairs in the centre of the building.

29. Zugangsflur zu den Arbeitsräumen.
30. Raum im obersten Geschoß des Turmes in der Nordwestecke des Gebäudes.

S. 58/59
31. Blick von Norden über die Dachlandschaft des Gebäudes.

29. Access corridor to the workrooms.
30. Space in the top floor of the tower in the north-west corner of the building.

p. 58/59
31. View over the roof landscape of the building from the north.

Alfred-Wegener-Institut für Polar- und Meeresforschung / Alfred Wegener Institute for Polar and Marine Research
Labor- und Bürogebaude / Laboratory and office building
Am Handelshafen 12
27570 Bremerhaven

Bauzeit / Construction period
2000–2004

Bauherr / Client
Alfred-Wegener-Institut für Polar- und Meeresforschung

Architekten / Architects
Steidle + Partner, München / Munich (Otto Steidle, Johann Spengler); Mitarbeiter / collaborators: Christoph Blessing, Sebastian Händel, Markus Abler, Jens Ritter
Bauleitung / Site management: Andreas Schneider, Heinz-Georg Maaßen, Bert Oltmanns, Bremen

Farbkonzept / Color concept
Erich Wiesner, Berlin

Freiflächenplanung / Outdoor planning
Auböck + Kárász (Maria Auböck, János Kárász), Wien und München / Vienna and Munich

Tragwerksplanung / Structural engineering
KSF Feld & Partner, Bremerhaven

Fassadenplanung, Schallschutz, Bauphysik / Façade planning, soundproofing, structural physics
DS-Plan GmbH, Stuttgart

Haustechnik / Mechanical engineering
Dr.-Ing. Bernd Kriegel Ingenieure GmbH, Hamburg

Projektmanagement / Project management
Ingenieurgesellschaft für Projektmanagement mbH, Braunschweig

Wir danken dem Alfred-Wegener-Institut für Polar- und Meeresforschung und der Firma GIMA Girnghuber GmbH & Co. KG in Marklkofen für ihre Unterstützung bei der Realisierung dieser Publikation.

We thank the Alfred Wegener Institute for Polar and Marine Research and GIMA Girnghuber GmbH & Co. KG in Marklkofen for their support in realizing this publication.